MBTI와
심리성명학

MBTI와 심리성명학

초판 1쇄 발행 2024년 4월 26일

지은이 박유경
펴낸이 장길수
펴낸곳 지식과감성#
출판등록 제2012-000081호

교정 정은솔
디자인 강샛별, 오정은
편집 오정은
검수 이주희, 정윤솔
마케팅 김윤길, 정은혜

주소 서울시 금천구 벚꽃로298 대륭포스트타워6차 1212호
전화 070-4651-3730~4
팩스 070-4325-7006
이메일 ksbookup@naver.com
홈페이지 www.knsbookup.com

ISBN 979-11-392-1786-5(03150)
값 18,000원

- 이 책의 판권은 지은이에게 있습니다.
- 이 책 내용의 전부 또는 일부를 재사용하려면 반드시 지은이의 서면 동의를 받아야 합니다.
- 잘못된 책은 구입하신 곳에서 바꾸어 드립니다.

지식과감성#
홈페이지 바로가기

MBTI와 심리성명학

박유경 지음

MBTI와 심리성명학은 성격의 본질을 이해하고 분류하는 도구로서
공통점을 갖고 있습니다.

이 두 주제를 탐구하면 놀랄 만한 유사성을 발견할 수 있습니다
성격의 신비한 세계를 탐험하고자 하는 독자라면 흥미로운 여정이 될 것입니다.

한글파동심리성명학회 네임디자인

지식과감성#

머리말

MBTI는 이제 우리들의 사회와 문화 속에서 매우 중요한 위치를 차지하고 있습니다. 과거에는 상대의 성격을 알고 싶을 때 혈액형을 주로 물어보았다면 요즘은 MBTI가 무엇인지 물어봅니다. 상대를 알고 싶고, 나와 잘 맞을까 등 궁금한 것이 많을 것입니다.

심리성명학과 MBTI와의 연계성에 대해서도 궁금해하는 독자들이 연구해 줄 것을 요청하는 사례가 가끔 있었습니다. 저 역시 궁금하여 정리를 해 보고 싶어서 출판을 하게 되었습니다.

MBTI는 심리적 도구로 출발해 다양한 측면에서 발전했으며, 주로 개인의 성향을 분석해 자신의 선호, 강점, 그리고 발전해야 할 영역을 이해합니다. 또한, 타인의 성격 유형을 파악함으로써 의사소통과 관계 구축에 있어 보다 나은 전략을 수립하는 데 유용하게 활용됩니다.

그리고 자신의 성격 유형에 맞는 직업 경로를 탐색함으로써 직업적 만족과 성공을 높일 수 있습니다. 또한, 팀 내 다양한 성격 유형을 이해함으로써 효과적인 팀 구성과 협업 전략을 마련하는 데에도 도움이 됩니다.

반면, 심리성명학은 음양오행론을 기반으로 하는 운명학의 한 분야로, 개인의 성향뿐만 아니라 삶의 여러 국면에서 겪게 되는 운명의 흐름과 카르마적 요소를 분석합니다. 이를 통해 개인이 자신의 운명을 개선하고 긍정적인 방향으로 나아갈 수 있는 방법을 제시하는 학문입니다.

MBTI와 파동성명학은 파동수의 사용과 접근 방식에서 상당한 차이를 보이기 때문에, 이름에 따라서는 분석 자체가 어려운 경우도 있습니다. 특히 편중된 파동수를 가진 이름은 분석하기 어렵고, 음양의 비율이 명확하지 않은 이름은 더욱 분석하기가 난해합니다. 이 두 방법을 효과적으로 적용하기 위해서는 추가적인 연구와 실제 사례 연구가 필요합니다. 제가 제시한 견해는 성향 간의 유사성을 바탕으로 하였으며, 임상 데이터를 통해 약 80%의 일치율을 보였습니다. 그러나 이는 제 주변 사람들 중 소수만을 대상으로 한 표본 조사 결과이므로, 그 결과를 절대적인 기준으로 보기는 어렵습니다. 그럼에도 불구하고, 이는 상당한 신뢰성을 가지고 있다고 볼 수 있으며, 추가 연구의 충분한 근거가 됩니다.

목차

머리말·· 4

제1장 MBTI 이해하기

1. MBTI의 성격 유형이란? ················· 10
2. MBTI의 주요 지표 ·························· 12
3. 16가지 성격 유형의 구성 ················ 15
4. 16가지 유형의 특성과 어울리는 직업성 ········· 18
5. MBTI의 활용성 ······························· 48

제2장 심리성명학 이론

1. 심리성명학이란 ······························· 50
2. 이름에 담긴 에너지 ························ 54
3. 음양오행과 십성에 따르는 파동수의 적용표 ········· 56
4. 한글의 오행 분류표 ························ 57
5. 파동수 도출표 ································· 58
6. 수리 산줄의 예시 ···························· 60

제3장 파동수의 특성 이해

1. 음양의 기본적인 특성 이해 ················· 62
2. 파동수의 특성 이해 ························ 65

제4장 MBTI와 파동수의 상호작용

1. MBTI와 파동수의 공통점 및 차이점 ············ 84
2. 각 MBTI 유형과 연관된 파동수 분석 ············ 86

제5장 실제 적용 사례

마무리하며 ···································· 132

제1장
MBTI 이해하기

1. MBTI의 성격 유형이란?

MBTI는 성격 유형을 분류하고 이해하기 위한 심리학적 도구로, 20세기 중반 미국의 캐서린 쿡 브릭스와 그녀의 딸 이사벨 브릭스 마이어스에 의해 개발되었습니다. 이 성격 지표는 개인의 선호도와 경향성을 네 가지 기본 차원을 통해 분석합니다. 외향(E)과 내향(I), 감각(S)과 직관(N), 사고(T)와 감정(F), 판단(J)과 인식(P).

MBTI는 개인의 선호도와 경향성을 이해하고, 이를 통해 개인의 자기 인식을 증진시키며, 대인관계, 직업 선택, 팀워크 개선 등 다양한 분야에서 활용됩니다. 이 도구는 전 세계적으로 널리 사용되며, 기업, 교육 기관, 상담 센터 등에서 개인의 자기 인식 향상, 팀 구성, 커뮤니케이션 개선, 경력 개발 등을 지원하는 데 사용됩니다. MBTI는 개인이 자신과 타인을 더 잘 이해하고, 인간관계를 개선하며, 삶과 직업에서 더 만족스러운 결정을 내릴 수 있도록 돕는 효과적인 도구로 인정받고 있습니다.

이러한 분류를 **음양의 방향 ▷ 머리를 사용하는 방식 ▷ 마음을 결정하는 방식 ▷ 몸(행동)을 사용하는 방식** 등으로 연계할 수 있습니다.

• **외향성 대 내향성은 음양의 방향**: 음양의 개념은 대립되면서도 서로를 보완하는 요소들의 조화를 의미합니다. 외향성(Extraversion)과

내향성(Introversion)도 이와 비슷한 방식으로 볼 수 있습니다. 음양이 서로 다른 성향을 보이지만, 균형을 이루어야 한다는 개념과 연결될 수 있습니다.

• **감각 대 직관은 머리를 쓰는 방식**: 감각(Sensing)과 직관(Intuition)은 정보를 수집하고 처리하는 방식의 차이를 나타냅니다. 문제 해결이나 의사 결정 과정에서 머리를 사용하는 다양한 방식을 나타낼 수 있습니다.

• **사고 대 감정은 마음을 결정하는 방식**: 사고(Thinking)와 감정(Feeling)은 의사 결정 과정에서 강조하는 바가 다릅니다. 사람들이 마음을 결정하는 데 있어 논리와 감정 사이의 균형을 어떻게 찾느냐를 나타냅니다.

• **판단 대 인식은 몸(행동)을 쓰는 방식**: 판단(Judging)과 인식(Perceiving)은 생활을 조직하고 일상을 계획하는 방식에 차이를 둡니다. 개인이 일상적인 행동과 대응을 어떻게 조직하는지에 대한 차이를 보여 줍니다.

이러한 분류를 통해, MBTI는 개인의 성격을 다각도에서 이해하고자 하는 시도입니다. 각각의 성격 유형이 음양, 머리의 사용, 마음의 결정, 몸의 사용 방식과 같은 다양한 개념과 어떻게 연결될 수 있는지를 탐색하는 것은 개인의 성향과 행동 양식을 더 깊이 이해하는 데 도움이 될 수 있습니다.

2. MBTI의 주요 지표

MBTI는 인간의 성격을 네 가지 기본 차원을 통해 분류합니다: 외향성(E) 대 내향성(I), 감각(S) 대 직관(N), 사고(T) 대 감정(F), 판단(J) 대 인식(P). 이 네 가지 선호도는 각 개인의 세계를 인식하고, 결정을 내리며, 생활하는 방식에 영향을 미칩니다.

외향(E)	←	에너지의 방향	→	내향(I)
감각(S)	←	정보 수집	→	직관(N)
사고(T)	←	판단과 결정	→	감정(F)
판단(J)	←	행동 방식	→	인식(P)

1) 외향성(E, Extraversion) 대 내향성(I, Introversion)

• **외향성(E)**: 외부 세계와 사람들과의 상호작용에서 에너지를 얻는 성향입니다. 외향적인 사람들은 사회적 상황에서 활동적이며 대화를 즐깁니다. 폭넓은 대인관계를 형성하며 사교적이며 활동적이고, 정열적으로 상황을 경험하고 이해하는 경향을 가지고 있습니다.

• **내향성(I)**: 내부 세계와 생각에서 에너지를 얻는 성향입니다. 내향적인 사람들은 조용하고 독립적이며, 혼자 있는 시간을 소중히 여깁니다. 그들은 깊은 대인관계를 형성하며 신중하고 조용한 성격을 가지며, 생각한 다음 행동하는 경향을 가집니다.

2) 감각(S, Sensing) 대 직관(N, Intuition)

• **감각(S)**: 현재의 구체적인 정보를 선호하고 이를 통해 경험하는 성향입니다. 감각적인 사람들은 세부 사항에 주의를 기울이며 실제적인 접근을 선호합니다. 오감의존형으로, 현재 중심적이며 경험과 사실을 중요시하며, 정확하고 꼼꼼한 일 처리를 특징으로 합니다.

• **직관(N)**: 가능성과 미래의 추상적인 정보에 집중하는 성향입니다. 직관적인 사람들은 상상력이 풍부하고 새로운 아이디어에 개방적입니다. 오감의존형과는 대조적으로 미래를 중요하게 생각하고, 상상적이며 새로운 시도와 비약적인 일 처리에 열린 경향을 가집니다.

3) 사고(T, Thinking) 대 감정(F, Feeling)

• **사고(T)**: 결정을 내릴 때 논리와 객관적인 기준을 중시하는 성향입니다. 사고적인 사람들은 진실과 사실에 관심을 가지며 논리적, 분석적으로 생각하며 객관적 판단을 중요하게 여깁니다. 원칙과 규범을 중요

시하며 논리적 분석과 맞다-틀리다의 사고력을 가지고 있습니다.

• **감정(F)**: 결정을 내릴 때 개인적인 가치와 타인의 감정을 우선하는 성향입니다. 감정적인 사람들은 다른 사람들과의 조화와 이해관계를 중요하게 생각하며, 인간관계에 관심을 가집니다. 상황적이고 포괄적으로 생각하며 주관적 판단을 중요시하며, 상황적 특성을 중시하며 정서적 측면을 중요하게 여깁니다. 상황을 바탕으로 판단하며 좋다-나쁘다의 사고력을 가지고 있습니다.

4) 판단(J, Judging) 대 인식(P, Perceiving)

• **판단(J)**: 계획된, 조직적인 접근을 선호하며, 결정을 빨리 내리고자 하는 성향입니다. 판단적인 사람들은 체계적이고 목표 지향적으로 행동하며, 분명한 목적과 방향을 가지고 있습니다. 기한을 염두에 두고 일을 처리하며 체계적으로 정보를 정리하고 정돈하는 경향을 가지며 높은 계획성을 갖고 있습니다.

• **인식(P)**: 유연하고 개방적인 접근을 선호하며, 옵션을 열어 두고 선택하기를 좋아하는 성향입니다. 인식적인 사람들은 목적, 방향, 일정을 유동적으로 수용하며 자율적이고 융통성 있는 흐름을 선호합니다. 상황에 따라 자신의 결성을 조정하고 적응력이 뛰어나며 유연하게 행동합니다.

3. 16가지 성격 유형의 구성

각각의 선호도는 두 가지 옵션 중 하나를 선택하는 것을 의미하며, 이 네 가지 차원의 조합으로 총 16가지 성격 유형이 도출됩니다. 각 유형은 독특한 특성과 강점, 성장 가능성을 가지고 있습니다.

MBTI 성격 유형	내향/외향	감각/직관	사고/감정	판단/인식
ISTJ	내향(I)	감각(S)	사고(T)	판단(J)
ISFJ	내향(I)	감각(S)	감정(F)	판단(J)
INFJ	내향(I)	직관(N)	감정(F)	판단(J)
INTJ	내향(I)	직관(N)	사고(T)	판단(J)
ISTP	내향(I)	감각(S)	사고(T)	인식(P)
ISFP	내향(I)	감각(S)	감정(F)	인식(P)
INFP	내향(I)	직관(N)	감정(F)	인식(P)
INTP	내향(I)	직관(N)	사고(T)	인식(P)
ESTP	외향(E)	감각(S)	사고(T)	인식(P)
ESFP	외향(E)	감각(S)	감정(F)	인식(P)
ENFP	외향(E)	직관(N)	감정(F)	인식(P)

ENTP	외향(E)	직관(N)	사고(T)	인식(P)
ESTJ	외향(E)	감각(S)	사고(T)	판단(J)
ESFJ	외향(E)	감각(S)	감정(F)	판단(J)
ENFJ	외향(E)	직관(N)	감정(F)	판단(J)
ENTJ	외향(E)	직관(N)	사고(T)	판단(J)

분류된 성격 유형은 다시, A-자기확신형(양), T-민감형(음)으로 더 섬세하게 나눌 수 있습니다

- **관리자형**: ISTJ-A / ISTJ-T, ISFJ-A / ISFJ-T, ESTJ-A / ESTJ-T, ESFJ-A / ESFJ-T

- **분석형**: INTJ-A / INTJ-T, INTP-A / INTP-T, ENTJ-A / ENTJ-T, ENTP-A / ENTP-T

- **외교형**: INFJ-A / INFJ-T, INFP-A / INFP-T, ENFJ-A / ENFJ-T, ENFP-A / ENFP-T

- **탐험가형**: ISTP-A / ISTP-T, ISFP-A / ISFP-T, ESTP-A / ESTP-T, ESFP-A / ESFP-T

MBTI는 두 개의 태도 지표(외향-내향, 판단-인식)와 두 개의 기능 지

표(감각-직관, 사고-감정)에 대한 개인의 선호도를 밝혀서 4개의 선호 문자로 구성된 개인의 성격 유형을 알려 줍니다.

우리나라 사람들은 대부분 ISTJ, ESTJ, ISTP, ISFJ, ISFP라고 합니다. IS 유형이 많아 내향적이면서도 현실적이라 조용히 본인의 일을 하는 사람들이 과반수 이상입니다.

4. 16가지 유형의 특성과 어울리는 직업성

1) ISTJ - 논리적인 분석가형(내향-감각-사고-판단)

논리주의자 성향은 조직적이고 책임감이 강한 특징을 가지고 있습니다. 규칙과 규율을 엄격하게 준수하며, 일관성 있는 환경에서 잘 적응합니다. 논리적이고 분석적인 사고를 가지고 있어 문제 해결에 뛰어나며, 현실적이고 실용적인 방식으로 접근합니다. 자신의 능력과 직감을 신뢰하며, 문제 상황에서도 침착하게 대처합니다.

ISTJ 유형의 사람들은 조직적이고 계획적인 업무에 능숙하며, 세부사항을 주의 깊게 처리합니다. 이러한 특성으로 법무가, 회계사, 통계학자, 공무원, 의사, 물질관리사, 보안 분석가, 재무 분석가, 금융 분야 등과 같은 직업에서 잘 어울립니다. 그러나 예술가나 창작자와 같이 자유로운 스타일의 업무에는 잘 맞지 않을 수 있습니다.

• **법무가**: 법률 분야에서는 변호사, 변호사 보조, 법무 관련 직무에 ISTJ 성격이 적합할 수 있습니다.

• **회계사**: 세부 사항에 주의를 기울이고 규칙적인 업무를 처리하는 데 능숙하므로 회계 분야에서 잘 어울릴 수 있습니다.

- **통계학자**: 통계학 분야에서는 데이터 분석과 관련된 직무에 ISTJ 성격이 논리적인 분석 능력을 활용할 수 있습니다.

- **공무원**: 공무원은 정부 및 공공 부문에서 규정과 규칙을 준수하고 조직적인 업무를 수행해야 하므로 ISTJ 성격이 적합할 수 있습니다.

- **의사**: 의료 분야에서는 정확한 진단과 치료 계획을 수립하며 환자와의 상호작용에서 침착함이 필요하므로 ISTJ 성격이 적합할 수 있습니다.

- **품질 관리자**: 제품 또는 서비스의 품질을 검증하고 향상시키는 역할을 합니다. 정확성과 품질 관리에 대한 ISTJ의 성향이 도움이 될 수 있습니다.

- **보안 분석가**: 보안 분석가는 정보 시스템의 보안을 관리하고 보안 위협을 탐지하는 역할을 합니다. ISTJ의 신중함과 조직력이 필요한 직업입니다.

- **재무 분석가**: 재무 분석가는 기업의 재무 상태를 평가하고 재무 보고서를 작성하는 역할을 합니다. 논리적 사고와 재무 지식이 필요한 직업입니다.

- **재고 관리자**: 재고 관리자는 재고 수준을 관리하고 효율적인 공급망을 유지하는 역할을 합니다. 신중함과 조직력이 필요한 직업입니다.

- **금융 분야**: 금융 분야에서는 금융 분석가, 투자 은행가, 금융 컨설턴트 등의 역할이 ISTJ 성격과 잘 어울릴 수 있습니다.

2) ISFJ - 수호자형 (내향-감각-감정-판단)

수호자라고 불리는 이 유형은 친절하고 세심한 특징을 지니고 있어, 안정과 조화를 중요시하며 타인의 감정을 이해하고 배려하는 데 능숙합니다. 도움을 필요로 하는 사람들에게 보살핌을 제공하는 데 큰 보람을 느끼며 긍정적인 태도를 가지고 있습니다. 하지만 과학적인 연구나 엔지니어링과 같이 논리적이고 분석적인 업무에는 적합하지 않을 수 있습니다.

ISFJ 유형은 세심한 관리 능력을 가지고 있어서 의료 분야나 교육 분야에서 잘 어울립니다. 간호사, 교사, 상담사, 의사, 사회복지사, 기업 내의 인사담당자 등과 같은 직업에서 성과를 내기 좋을 수 있습니다. 타인의 필요를 이해하고 지원하는 데 열정적으로 헌신하며, 조직 내에서 협력과 조화를 유지하는 역할을 잘 합니다.

- **간호사**: 환자들에게 돌봄과 보살핌을 제공하며, 의료 분야에서 ISFJ의 세심한 성향과 배려심이 큰 도움이 됩니다.

- **교사**: 학생들의 교육과 성장을 도와주는 역할로, ISFJ는 학생들의 필요에 맞게 배려와 도움을 제공할 수 있습니다.

- **심리상담사**: ISFJ는 다른 사람의 감정과 상황을 이해하고 공감하는 데 능숙하며, 심리상담 분야에서 개인들에게 정신 건강 지원을 제공할 수 있습니다.

- **의사**: 환자와 소통하고 진단을 내리며 치료하는 의료 분야에서 ISFJ의 세심함과 의료진과의 협력 능력이 중요합니다.

- **사회복지사**: 취약 계층이나 어려운 상황에 있는 사람들을 돕는 사회복지 분야에서 ISFJ의 배려와 지원 능력이 큰 역할을 합니다.

- **자원봉사자**: ISFJ는 봉사 활동을 통해 사회에 기여하는 데 열정적으로 참여할 수 있으며, 다양한 자원봉사 활동에서 활용될 수 있습니다.

- **기업 내의 인사담당자**: 조직 내에서 직원들의 적절한 배치와 복지를 관리하며, ISFJ는 직원들의 필요에 대한 이해와 지원을 제공할 수 있습니다.

- **도서관 사서**: ISFJ는 세심하고 조직적인 특성을 가지고 있어 도서 및 자료를 관리하고 독자들에게 도움을 제공하는 데 능숙합니다.

3) INFJ - 예언자형 (내향-직관-감정-판단)

INFJ는 미래 지향적 사고를 바탕으로 세상을 이상적인 방향으로 이끌고자 하는 강한 욕구를 지니고 있습니다. 자신의 가치 체계와 개인적 신념에 일치하는 삶을 살기 위해 노력하며, 깊은 성찰을 통해 복잡한 인간관계와 사회적 문제를 이해하려고 합니다. 내면의 가치와 도덕적 기준을 중시하며 정의와 동등성에 무게를 두는 INFJ는 사람들의 미묘한 감정과 의도를 파악하는 데 뛰어나, 이를 통해 필요를 이해하고 갈등 상황에서 중재자 역할을 하거나 타인의 성장을 돕는 해결책을 제시하는 데 큰 장점을 가집니다. 또한, 자신이 믿는 목적과 원인에 대한 깊은 헌신과 인내심을 통해 목표 달성을 위해 노력하며, 조용하고 신중하면서도 필요시 강한 의지력과 결단력을 발휘할 수 있습니다.

INFJ 유형은 다른 사람들의 삶에 긍정적인 영향을 미치고, 의미 있는 변화를 만들어 내고자 합니다. 종종 상담가, 심리학자, 교사, 작가, 예술가, 사회운동가 등의 직업에서 그들의 잠재력을 발휘하며, 타인의 성장과 발전을 지원하는 데 큰 만족감을 느낍니다.

• **심리상담사 또는 정신건강 전문가**: INFJ는 사람들의 감정과 의도를 이해하고 공감할 수 있는 능력을 가지고 있어, 상담 및 정신건강 분야에서 다른 사람들을 돕는 데 능숙합니다.

• **작가 또는 문학 관련 분야**: INFJ는 깊은 사고와 상상력을 가지고 있어, 글쓰기, 시나리오 작성 또는 문예창작과 같은 분야에서 창의적으로 활동할 수 있습니다.

- **예술가 또는 예술 관련 분야**: 예술은 INFJ에게 자신의 감정과 가치를 표현하는 수단으로서 적합하며, 화가, 작곡가, 배우, 뮤지션 등의 예술가로서 능력을 발휘할 수 있습니다.

- **교육자 또는 교사**: INFJ는 학생들에게 영감을 주고 가치 있는 교육을 제공하는 데 관심이 있으며, 교육 분야에서 선생님 또는 교육자 역할을 수행할 수 있습니다.

- **사회운동가 또는 비영리 단체 활동가**: INFJ는 인권, 사회 정의, 환경 보호와 같은 사회적 문제에 대한 민감성을 가지고 있어, 사회운동이나 비영리 단체에서 변화를 이끌어 내는 역할을 할 수 있습니다.

- **신문 기자 또는 언론인**: INFJ는 사람들의 이야기를 듣고 이를 다른 사람들에게 전달하는 역할을 잘 수행할 수 있으며, 언론 및 미디어 분야에서 커리어를 쌓을 수 있습니다.

- **프로젝트 기획자**: INFJ는 프로젝트 팀의 성공에 기여할 수 있습니다. 원활한 커뮤니케이션을 통해 팀원들과 협력하고, 문제 해결 능력을 발휘합니다. 창의적인 아이디어를 제시하고 구체적인 계획을 세우는 데 능숙하며, 프로젝트의 목표와 가치를 중시합니다. 그러나 세부사항에 집착하여 효율성을 잃지 않도록 주의해야 합니다.

4) INTJ - 전략가형(내향-직관-사고-판단)

INTJ는 논리적이고 분석적인 능력을 통해 문제를 해결하고 목표를 달성하는 데 뛰어납니다. 또한 장기적인 비전과 전략을 세우는 데 강점을 가지며, 자주적이고 독립적인 성향을 지니고 있습니다. 자신만의 가치관과 신념을 중요시하며, 이를 따르기 위해 노력합니다. 또한 정보를 비판적으로 분석하고 목표 지향적으로 일을 처리하는 데 탁월한 능력을 발휘합니다.

INTJ 유형은 비즈니스, 과학, 엔지니어링, 법률가, 공무원, 세무사 등 다양한 직업 분야에서 뛰어난 성과를 이루는 경향이 있으며, 높은 통찰력과 목표 달성 능력을 통해 혁신적인 아이디어를 구상하고 구체적인 계획을 제시합니다.

- **비즈니스**: INTJ는 혁신적인 아이디어와 논리적인 의사 결정 능력을 통해 독립적으로 목표를 달성하는 데 뛰어납니다.

- **과학**: INTJ는 과학 분야에서 혁신적인 연구 아이디어를 개발하고 실험 설계 및 데이터 분석을 통해 이론을 검증하는 역할을 할 수 있습니다. 이러한 능력은 과학 커뮤니티에서 핵심적인 역할을 합니다.

- **엔지니어링**: INTJ는 엔지니어링 분야에서 시스템 설계와 기술 개발에 능숙하며, 복잡한 문제를 해결하고 혁신적인 기술 솔루션을 개발하는 데 기여할 수 있습니다. 엔지니어링 프로젝트의 리더로서 효율적이

고 실용적인 해결책을 찾는 데 능력을 발휘합니다.

• **법률가**: INTJ는 법률 분야에서 논리적인 분석력을 활용하여 복잡한 법률문제를 해결하고 클라이언트를 대표하는 데 능숙합니다. 정확한 법률 해석과 전략적인 법률 자문을 제공하여 클라이언트의 이익을 보호합니다.

• **공무원**: INTJ는 정부 부서나 공공 기관에서 정책 개발과 실행에 기여하는 데 적합합니다. 혁신적인 아이디어와 논리적인 분석을 통해 공공 서비스를 개선하고 효율성을 높일 수 있습니다.

• **세무사**: INTJ는 세무 분야에서 복잡한 세금 문제를 이해하고 해결하는 데 능숙하며, 고객들에게 세무 계획과 조언을 제공하는 데 중요한 역할을 합니다. 정확한 세금 계산과 전략적인 세무 자문을 통해 고객의 재정 상황을 최적화합니다.

5) ISTP – 기술 장인형(내향-감각-사고-인식)

ISTP는 주로 조용하고 현실적이며, 문제 해결에 뛰어난 능력을 지니고 있습니다. 이 성격 유형은 다른 사람들과 깊은 관계를 맺기보다는 개인적 자유를 우선시하며 새로운 경험을 추구하는 경향이 있습니다. 또한, ISTP는 기계 작업에 뛰어난 기술을 보유하고 있고 실용적인 문제를 해결하는 데 탁월한 능력을 가지고 있습니다. 손으로 무언가를 만들거나 수리하는 작업에서도 능숙함을 보입니다. 문제를 해결하기 위해 논리와 객관적 분석을 활용하며, 자신만의 방식으로 일을 처리하는 경향이 있습니다.

ISTP 유형은 적응력이 뛰어나며, 긴장된 상황에서도 침착함을 유지할 수 있는 능력을 갖추고 있습니다. 기술 분야와 같은 실제 경험을 통해 자신의 능력을 발휘하는 경우가 많습니다.

• **소프트웨어 엔지니어, 웹 개발자, 모바일 앱 개발자**: 이들 직업은 독립적으로 프로젝트를 진행할 수 있는 기회를 제공하며, 문제 해결과 새로운 솔루션을 창출하는 데 있어 창의성과 기술적 능력을 활용할 수 있습니다. ISTP는 구체적인 결과물을 만들어 내는 과정에서 큰 만족감을 느낄 수 있습니다.

• **시스템 관리자, 네트워크 엔지니어**: 기술적 문제를 해결하고 시스템을 최적화하는 업무는 ISTP의 분석적 사고와 실용적 접근 방식에 잘 맞습니다.

• **자동차 엔지니어**: 기계적인 것들과 물리적인 작업에 대한 자연스러운 이해력과 관심을 가지고 있습니다. 기술적 지식, 문제 해결 능력, 그리고 독립적인 작업 성향을 활용할 수 있는 분야입니다.

• **디지털 포렌식 전문가**: 범죄 수사에 있어 디지털 증거를 수집하고 분석하는 업무를 담당합니다. 이 직업은 디테일에 대한 관심과 기술적

인 지식을 요구합니다.

- **보안 컨설턴트**: 기업이나 개인의 보안을 강화하는 데 필요한 분석적 사고와 문제 해결 능력을 활용할 수 있는 직업입니다. 보안 위협을 식별하고 해결책을 제시하는 데 ISTP의 논리적 사고가 유용합니다.

6) ISFP - 예술 장인형(내향-감각-감정-인식)

ISFP는 내향적이면서도 사교적인 성향으로 현재에 집중하며 감각적인 경험을 중시합니다. 감정적으로 반응하고 유연하며 적응력이 뛰어나, 변화를 쉽게 받아들이는 동시에, 창의적이고 예술적인 활동을 통해 자신의 감정과 생각을 자유롭게 표현하는 능력을 가집니다. 결정을 내릴 때는 개인적인 가치와 감정을 우선시하며, 뛰어난 공감 능력과 타인의 감정에 대한 민감한 반응으로 다른 사람들과 깊은 연결을 맺습니다.

창의성, 감정적 깊이, 사람들과의 긍정적인 상호작용을 중시하는 성향, 창의적인 예술, 음악, 사회 서비스 등 분야에서 자신을 표현하는 데 있어 뛰어난 재능을 보이는 ISFP는 계획보다는 순간의 유연성을 선호하며, 일정한 틀에 얽매이기보다는 순간에 따라 행동하는 것을 선호합니다.

ISFP 유형은 음악, 미술, 패션 디자인 등 자신의 감정과 생각을 표현할 수 있는 예술적인 분야에서 자신의 재능을 발휘합니다.

- **예술가**: 창의력과 상상력을 활용해 미술 작품을 창작하는 직업으로, 회화, 조각, 설치 미술 등 다양한 형태의 예술 작품을 만듭니다.

- **음악가**: 음악을 작곡하거나 연주하여 청중과 감정을 공유하는 직업으로, 솔로 아티스트, 밴드 멤버, 오케스트라 연주자 등 다양한 역할이 있습니다.

- **카운슬러**: 개인이나 그룹의 심리적 문제를 해결하도록 돕는 전문가로, 대화를 통해 고민을 듣고 조언을 제공합니다.

- **사회복지사**: 개인, 가족, 커뮤니티의 복지를 향상시키기 위해 다양한 서비스와 지원을 제공하는 직업으로, 사회적, 경제적 문제를 해결하는 데 도움을 줍니다.

- **인테리어 디자이너**: 공간의 기능성과 미적 가치를 향상시키기 위해 내부 공간을 계획하고 디자인하는 전문가로, 가구 배치, 색상 선택, 조명 계획 등을 담당합니다.

- **패션 디자이너**: 의류와 액세서리를 디자인하는 창의적인 직업으로, 트렌드를 예측하고 독창적인 디자인을 통해 패션 컬렉션을 만듭니다.

- **요리사**: 음식의 준비, 조리 및 발표를 담당하는 전문가로, 다양한 요리 기법과 재료를 활용하여 맛과 시각적인 면에서 우수한 음식을 제공합니다.

• **정원사**: 식물의 심기, 가꾸기, 유지 관리를 전문으로 하는 직업으로, 아름답고 건강한 정원을 조성하고 관리하는 데 필요한 지식과 기술을 가지고 있습니다.

7) INFP - 이상주의자형(내향-직관-감정-인식)

INFP는 깊은 이상주의와 창의력을 기반으로 자신만의 내면세계를 잘 가꾸어 나가며, 이를 예술, 글쓰기, 음악과 같은 창의적 활동으로 표현하는 경향이 있습니다. 현실의 제약을 넘어 가능성을 탐색하며, 더 나은 세상을 향한 비전을 꾸준히 꿈꿉니다.

자신의 도덕적 가치와 신념을 삶의 중심에 두고, 이와 일치하지 않는 상황에는 불만을 느끼는 감정의 깊이가 매우 깊어 타인의 감정과 동기에 공감하는 능력이 뛰어나며, 이를 통해 타인과 깊은 연결을 형성합니다. 변화에 유연하게 적응하는 INFP는 계획보다는 순간의 유연성을 선호하고, 자신의 내면적 가이드를 따라 일정한 틀에 얽매이지 않고 살아가는 경향이 있습니다.

INFP 유형은 자신의 신념에 따라 의미 있는 변화를 만들어 내고, 타인에게 긍정적인 영향을 미칠 수 있는 직업을 선호합니다.

• **작가/시인**: 자신의 감정과 생각을 창의적으로 표현할 수 있는 기회를 제공합니다.

- **심리학자/상담가**: 사람들의 문제를 이해하고 치유하는 과정에서 깊은 만족감을 얻을 수 있습니다.

- **예술가/그래픽 디자이너**: 개인적인 가치와 창의성을 활용해 시각적으로 표현하는 직업입니다.

- **음악가/작곡가**: 음악을 통해 감정을 표현하고, 사람들과 깊은 감정적 연결을 만들 수 있습니다.

- **비영리 단체 직원**: 사회적, 환경적 문제에 대해 이상적인 해결책을 모색하고, 실질적인 변화를 만들어 내는 직업입니다.

- **사회복지사**: 개인이나 커뮤니티의 복지 향상을 위해 노력하며, 도움이 필요한 사람들에게 실질적인 지원을 제공합니다.

- **인간관계 관리자/HR**: 조직 내에서 사람들의 발전을 지원하고, 긍정적인 직장 문화를 만드는 데 기여할 수 있습니다.

8) INTP - 백과사전형(내향-직관-사고-인식)

INTP는 호기심 많고 분석적인 성향을 가진 성격 유형으로, 깊은 질문을 통해 지식을 탐구하고 복잡한 문제를 해결하는 데 뛰어난 능력을 갖추고 있습니다. 이들은 새로운 아이디어와 이론에 대한 강한 욕구로 정보를 체계적으로 정리하며, 추상적 개념을 쉽게 다루는 데 능숙합니다. 학문적 연구, 독서, 실험을 포함한 다양한 방법으로 지속적으로 지식을 확장해 나가며, 자유롭게 탐구하고 자신의 속도로 학습하는 것을 선호합니다.

또한, 새로운 정보와 관점에 대해 개방적이며, 다양한 가능성을 탐색하는 것을 즐깁니다. 과학, 철학, 컴퓨터 과학, 수학 등의 분야에서 자신의 분석적 사고와 창의력을 활용하여 혁신적인 아이디어와 해결책을 제시하는 INTP는 독립적으로 작업하는 것을 선호하는 동시에, 복잡한 이론과 논리적 문제 해결에 강점을 발휘합니다.

INTP 유형은 독립적인 사고, 분석적인 능력, 그리고 복잡한 문제를 해결하는 데의 탁월함을 바탕으로 하는 직업성에 어울립니다.

- **데이터 과학자/분석가**: 대규모 데이터를 분석하고 패턴을 발견하여 의사 결정을 지원하는 역할에서 그들의 분석 능력이 큰 장점이 됩니다.

- **시스템 분석가**: 조직의 IT 시스템과 비즈니스 요구 사항을 분석하고, 효율적인 솔루션을 설계하는 데 필요한 복잡한 문제 해결 능력을 활용할 수 있습니다.

- **철학자/학자**: 이론적인 탐구와 추상적인 사고를 요구하는 분야에서 깊은 분석과 비판적 사고를 발휘할 수 있습니다.

- **수학자/통계학자**: 수학적 원리와 이론을 적용하여 문제를 해결하고 새로운 이론을 개발하는 데 INTP의 논리적 사고가 유용합니다.

- **공학자**: 공학적 원리를 적용해 실용적인 문제를 해결하고 새로운 기술을 개발하는 과정에서 분석적 사고와 혁신적인 아이디어를 활용할 수 있습니다.

- **작가/시나리오 작가**: 독창적인 아이디어와 복잡한 개념을 명확하게 전달할 수 있는 능력을 바탕으로 창의적인 작업을 할 수 있습니다.

- **심리학자/연구원**: 인간의 행동과 사고 과정을 이해하고 분석하는 데 필요한 깊은 호기심과 분석 능력을 활용할 수 있습니다.

9) ESTP - **활동가형**(외향-감각-사고-인식)

ESTP는 뛰어난 에너지 수준과 사교적 성향을 지니며, 자신감이 넘치고 매력적인 대인관계를 통해 쉽게 친구를 만듭니다. 사교적 활동에서 에너지를 얻고, 다양한 사람들과의 교류를 통해 새로운 경험과 지식을 탐구하는 것을 선호합니다. 순간에 집중하는 ESTP는 필요에 따라 빠르고 유연하게 결정을 내리며, 계획보다 즉흥적인 행동을 선호해 상황에 신속하게 대응하는 데 능숙합니다.

이 즉흥적인 성향 덕분에 그들은 변화하는 환경에 잘 적응하고, 빠르게 움직이는 상황에서도 효과적으로 대처할 수 있습니다. ESTP는 이론적 학습보다 실질적인 활동에서 큰 만족을 느끼며, 모험을 즐기고 새로운 도전을 두려워하지 않습니다. 이러한 특성이 ESTP를 다이나믹하고 행동 지향적인 성격으로 만들어, 자신의 능력을 다양한 분야에서 활용하여 성공을 거둘 수 있게 합니다.

ESTP 유형은 그들의 에너지 넘치고 사교적인 성향, 즉흥적인 결정 능력, 그리고 실질적인 활동에서 만족을 느끼는 특성을 반영하는 직업에서 가장 성공적이고 만족감을 느낄 수 있습니다. 특히 동적이고 변화무쌍한 상황에서 능력이 빛을 발합니다.

- **영업 및 마케팅 전문가**: 사람들과의 상호작용을 즐기고, 설득력 있는 커뮤니케이션으로 아이디어나 제품을 효과적으로 판매할 수 있습니다.

- **기업가/창업자**: 새로운 아이디어를 현실로 전환하고, 도전적인 비즈니스 환경에서 빠르게 대응하는 능력을 활용할 수 있습니다.

- **비상 상황 관리자**: 급박한 상황에서 신속하게 결정을 내리고, 효과적으로 문제를 해결하는 데 필요한 즉흥적인 능력을 발휘할 수 있습니다.

- **스포츠 코치/개인 트레이너**: 에너지가 넘치고 동기부여를 잘하는 성향으로, 사람들을 훈련시키고 최고의 성과를 이끌어 낼 수 있습니다.

- **경찰관/소방관**: 위험을 두려워하지 않고, 즉각적인 상황 판단과 신속한 대응이 요구되는 환경에서 뛰어난 성과를 낼 수 있습니다.

- **이벤트 플래너**: 다양한 행사와 모임을 기획하고 실행하는 과정에서 창의력과 조직력을 발휘할 수 있습니다.

- **액션 스포츠 선수**: 모험을 즐기고, 신체적 도전을 두려워하지 않는 성향으로, 다양한 액션 스포츠에서 뛰어난 성과를 낼 수 있습니다.

10) ESFP - 연기자형(외향-감각-감정-인식)

ESFP 유형은 활동적이고 친절하며, 사람들과 어울리는 것을 즐기는 특성을 가지고 있습니다. 이러한 특징은 연기자로서의 역량을 발휘하는 데 매우 적합합니다. 관객과의 상호작용을 통해 자신의 감정을 표현하고, 역할에 대해 진심으로 공감할 수 있는 능력을 지니고 있습니다.

또한 무대나 화면 앞에서 주목받는 것을 즐기며, 다양한 역할을 소화하고 새로운 경험을 추구하는 데 열정적입니다. 이러한 특성들은 연기자로서의 성공을 위한 필수적인 요소로 작용할 것입니다.

ESFP 유형은 활동적이고 사교적인 성향을 가지고 있으며, 주변 사람들과의 상호작용을 즐기는 경향이 있습니다. 활동적인 성격과 사교적인 특성을 살려 효과적으로 발전시킬 수 있는 분야입니다.

- **연기자 또는 배우**: 활동적이고 감정 표현에 능숙하여 연기나 연극 분야에서 자신의 재능을 발휘할 수 있습니다.

- **판매원 또는 마케터**: 친절하고 대인관계에서 능숙한 ESFP는 상품이나 서비스를 소개하고 판매하는 데 뛰어난 성과를 거둘 수 있습니다.

- **여행 가이드**: 새로운 사람들과의 만남을 즐기며, 다양한 장소를 탐험하는 것을 좋아하는 ESFP는 여행 가이드로서 활약할 수 있습니다.

- **음악가 또는 가수**: 감정을 표현하고 사람들과 소통하는 데 뛰어난 ESFP는 음악 분야에서 자신의 재능을 발휘할 수 있습니다.

- **이벤트 기획자**: 사람들과의 소통과 조직력을 활용하여 이벤트를 기획하고 조직하는 일이 잘 어울립니다.

- **판매 대표**: 사교적인 성격과 설득력을 활용하여 제품이나 서비스를 판매하는 분야에서 성과를 거두기 좋습니다.

- **호텔 업계 직업**: 호텔 리셉션, 이벤트 매니저, 레스토랑 서비스 등 다양한 부문에서 활약할 수 있습니다.

- **미디어 및 엔터테인먼트 분야**: 연기, 댄스, 음악, 방송, 영화 등 다양한 엔터테인먼트 분야에서 활동할 수 있습니다.

11) ENFP - 스파크형(외향-직관-감정-인식)

ENFP는 열정적이고 창의적인 성향을 가지고 있습니다. 그들은 새로운 아이디어와 가능성을 탐구하는 것을 즐기며, 상상력과 활기를 가득히 불어넣는 경향이 있습니다. 이들은 일상적인 것에 지루함을 느끼고, 새로운 경험을 추구하며 즐겁게 삶을 즐깁니다.

열정적이고 긍정적인 태도를 가지고 있어서 주변 사람들에게 영감을 주기도 합니다. 또한 새로운 아이디어나 가능성을 발견하면, 열정적으로 그것을 추구하고 실현시키기 위해 노력합니다. 이러한 특징들은 ENFP를 삶의 스파크로 여기게 하며, 새로운 가능성과 창의적인 아이디어를 계속해서 발굴하는 데 기여합니다.

ENFP 유형은 열정적이고 창의적인 성향을 가지고 있어서 다양한 직업에서 빛을 발할 수 있습니다.

• **예술가 또는 창작가**: 창의적이고 상상력이 풍부한 ENFP는 예술 분야에서 자신의 역량을 펼칠 수 있습니다. 회화, 음악, 문학 등 다양한 예술 형태에서 활약할 수 있습니다.

• **마케팅 및 광고 전문가**: 열정적이고 사람들과 소통하는 것을 즐기는 ENFP는 마케팅이나 광고 분야에서 능력을 발휘할 수 있습니다. 새로운 아이디어를 제안하고 창의적인 캠페인을 기획하는 데 능숙합니다.

- **사회사업가**: 사회적 변화를 이끄는 데 관심이 있는 ENFP는 사회사업가로서 성공할 수 있습니다. 사회적 문제에 대한 해결책을 찾고 적용하는 데 열정적으로 노력할 것입니다.

- **교육자 또는 트레이너**: 타인에게 영감을 주고 지식을 나누는 것을 좋아하는 ENFP는 교육 분야에서 활동할 수 있습니다. 강의, 워크숍, 트레이닝 프로그램을 통해 다양한 분야의 사람들에게 도움을 줄 수 있습니다.

- **엔터테이너 또는 미디어 인플루언서**: ENFP는 사람들과의 상호작용을 즐기며 무대나 화면 앞에서 주목을 받는 것을 좋아합니다. 따라서 엔터테이너 또는 미디어 인플루언서로서 활동할 수 있습니다.

12) ENTP - 발명가형(외향-직관-사고-인식)

ENTP는 외향적이고 창의적인 성향을 가지고 있습니다. 그들은 주변 환경에 쉽게 적응하며, 사람들과의 상호작용을 즐깁니다. 직관력이 뛰어나며, 새로운 아이디어를 창출하고 문제를 해결하는 데 탁월한 능력을 보입니다. 발명가로서, 혁신적이고 독특한 아이디어를 만들어 내며, 문제에 대한 창의적인 해결책을 모색합니다. 상상력이 풍부하고 새로운 가능성을 탐구하는 것을 즐기며, 논리적인 사고를 바탕으로 다양한 분야에서 활약할 수 있습니다. 발명가는 논쟁을 통해 아이디어를 발전시키고 새로운 관점을 제시하는 것을 즐기며, 혁신적이고 독창적인 아이디어로 사회나 기술적인 발전에 기여할 수 있습니다.

ENTP 유형은 발명가의 창의성과 논쟁 능력을 최대한 발휘할 수 있는 분야에 어울립니다.

• **혁신 전문가**: 새로운 아이디어를 발굴하고 혁신적인 솔루션을 개발하는 업무를 수행합니다.

• **창업가**: 새로운 사업을 창업하고 이를 성공적으로 운영하기 위해 창의적인 전략을 수립합니다.

• **기술 컨설턴트**: 기술적 문제에 대한 해결책을 제시하고 기업이 기술적으로 발전할 수 있도록 조언합니다.

• **전략 기획자**: 기업이나 조직의 장기적인 목표를 설정하고 이를 달성하기 위한 전략을 개발합니다.

• **연구원**: 새로운 기술이나 제품을 개발하기 위한 연구를 수행하고 혁신적인 아이디어를 모색합니다.

• **콘셉트 디자이너**: 제품이나 서비스의 콘셉트를 개발하고 이를 시각화하여 혁신적인 디자인을 구상합니다.

• **프로젝트 매니저**: 다양한 프로젝트를 계획하고 관리하여 새로운 아이디어를 실현하는 역할을 수행합니다.

- **스타트업 창업가**: 새로운 비즈니스 아이디어를 발굴하고 창업하여 성공적인 기업을 운영합니다.

- **벤처 캐피탈리스트**: 새로운 기업에 투자하고 성장 가능성이 높은 스타트업을 발굴하는 역할을 합니다.

- **기업 개발 담당자**: 기업이나 조직의 성장을 위한 전략을 개발하고 실행하는 역할을 수행합니다.

- **컨설턴트**: 다양한 기업이나 조직에 대해 전략적 조언을 제공하고 비즈니스 문제를 해결합니다.

13) ESTJ - 사업가형(외향-감각-사고-판단)

ESTJ는 체계적이고 조직적인 성향을 가지며, 일을 효율적으로 이끌어 나가는 데 뛰어난 능력을 보입니다. 활동적이고 외향적인 성격으로, 타고난 리더로서 주변 사람들을 이끌어 가는 것을 즐깁니다. 조직적이고 구조화된 환경에서 가장 효과적으로 작동하며, 기업의 경영진이나 조직의 리더로서 프로젝트 관리자, 팀 리더, 또는 팀원들을 조직하고 일의 흐름을 관리하는 역할을 맡을 수 있습니다.

또한, 목표를 설정하고 이를 달성하기 위해 타고난 리더십과 조직 능력을 발휘합니다. 더불어, 상업적인 마인드셋을 가지고 있어 경제적인 이익을 추구하는 데 능숙하며, 비즈니스 환경에서 자신의 아이디어를 구현하고 성공적인 기업을 운영하는 데 탁월한 기회를 가질 수 있습니다.

또한, 효율성과 생산성을 최대화하기 위해 시스템과 절차를 개선하는 데 관심을 가집니다. 종합하면, ESTJ는 조직적이고 리더십이 강한 성향을 가지며, 이를 통해 비즈니스 및 조직 환경에서 효과적으로 작동할 수 있는 능력을 보입니다. 목표를 달성하기 위해 열정적으로 일하고, 자신의 아이디어와 비전을 구현하는 데 탁월한 역량을 발휘합니다.

ESTJ 유형은 조직적이고 리더십이 있으며, 효율적인 업무 처리를 선호합니다. 이러한 특성을 바탕으로 다양한 분야에서 성공적으로 활동할 수 있습니다.

• **경영자 또는 기업가**: ESTJ는 리더십 스킬과 조직 능력이 뛰어나기 때문에 경영자로서 탁월한 역할을 할 수 있습니다. 기업가로서 자신의 비전을 실현하고 조직을 효과적으로 운영할 수 있습니다.

• **프로젝트 매니저**: 프로젝트 관리자로서 ESTJ는 프로젝트를 계획하고 조직화하여 목표를 달성하는 데 능숙합니다. 팀을 조직하고 리더십을 발휘하여 프로젝트의 성공을 이끌어 낼 수 있습니다.

• **법률가 또는 변호사**: 체계적이고 논리적인 사고를 가진 ESTJ는 법률 분야에서도 탁월한 성과를 거둘 수 있습니다. 법률가로서 사업 분야나 기타 분야에서 조직의 이익을 보호하고 변호하는 역할을 수행할 수

있습니다.

- **금융 분석가 또는 컨설턴트**: ESTJ는 수치적인 정보를 체계적으로 분석하고 조직화하는 능력이 뛰어나기 때문에 금융 분석가나 컨설턴트로서 활약할 수 있습니다. 비즈니스나 조직의 재무 상태를 분석하고 효율적인 전략을 제안하는 데 기여할 수 있습니다.

- **군인 또는 경찰관**: ESTJ는 리더십과 조직 능력이 강하기 때문에 군인이나 경찰관으로서도 탁월한 역할을 할 수 있습니다. 조직의 목표를 달성하고 안전을 유지하는 데 기여할 수 있습니다.

- **경영자**: ESTJ는 조직 능력과 리더십 스킬이 뛰어나기 때문에 경영자로서 탁월한 역할을 할 수 있습니다. 기업의 목표를 달성하기 위해 효과적으로 조직을 이끌어 나갈 수 있습니다.

- **경영 컨설턴트**: 기업의 전략을 개발하고 효율성을 향상시키는 데 도움이 되는 경영 컨설턴트로서 ESTJ는 기업의 목표를 달성하기 위한 전략을 개발하고 실행하는 데 기여할 수 있습니다.

14) ESFJ - 사교형(외향-감각-감정-판단)

ESFJ는 외향적이고 감각적인 성향으로, 감정적으로 표현하고 상호작용하는 데 탁월한 능력을 지닙니다. 주변 사람들과의 친밀한 관계를 형성하고 유지하는 데 큰 관심을 가지며, 타인의 감정에 민감하게 반응합니다. 이러한 특성은 다양한 상황에서의 협력과 조화를 중요시하는 데 도움이 됩니다.

또한, 사회적 상호작용을 즐기며 타인의 필요에 주의를 기울이는 경향이 있습니다. 친절하고 배려심이 많으며, 타인을 돕고 지원하는 데 열정적입니다. 자신의 가족, 친구, 동료들을 위해 희생하는 것을 망설이지 않으며, 타인의 행복과 안녕을 위해 노력합니다.

ESFJ의 이러한 성향으로 인해 사회적인 상황에서 주목을 받고 사랑받는 경향이 있습니다. 집단 내에서 조화롭고 안정적인 분위기를 조성하며, 타인의 성장과 발전을 촉진하는 데 기여합니다. 따라서 ESFJ는 팀 활동이나 사회적인 모임에서 리더십 역할을 맡는 것이 적합할 수 있습니다.

- **상담사 또는 심리 상담가**: ESFJ는 타인의 감정에 민감하게 반응하고 돌봄에 대한 열정을 가지고 있습니다. 이러한 성향을 활용하여 상담 분야에서 상담사 또는 심리 상담가로 활동할 수 있습니다. 개인이나 집단에 대한 상담을 통해 정서적 지원을 제공하고, 문제 해결을 도와주며, 성장과 발전을 촉진할 수 있습니다.

- **커뮤니티 서비스 및 자원 조정자**: ESFJ는 사회직 상호작용을 즐기며 타인의 필요에 주의를 기울이는 경향이 있습니다. 이러한 성향을 바탕으로 지역 커뮤니티 서비스 및 자원 조정자로 활동하여 지역 사회의

발전에 기여할 수 있습니다. 사회 문제에 대한 인식과 해결책을 모색하고 지역 사회 구성원들 간의 협력을 촉진할 수 있습니다.

• **교사**: ESFJ는 다른 사람들과의 상호작용을 중요시하며, 배려심이 많고 친절한 성향을 가지고 있습니다. 이러한 특성은 학생들과의 관계 형성 및 교육 환경에서의 협력에 매우 유용합니다.

• **운동 코치**: 운동 코치는 학생들이나 클라이언트들에게 운동 프로그램을 개발하고 지도하는 역할을 수행합니다. ESFJ는 타인의 성장과 발전을 촉진하는 데 관심을 가지고 있으며, 친절하고 지원적인 성향을 가지고 있어 학생들이나 클라이언트들과의 관계 형성 및 지도 활동을 효과적으로 수행할 수 있을 것입니다.

• **호텔리어**: ESFJ는 친절하고 배려심이 많으며, 사회적 상호작용을 즐기며 고객 서비스에 대한 열정을 가지고 있습니다. 이러한 성향은 호텔리어가 다양한 고객들과의 관계 형성과 서비스 제공을 효과적으로 수행하는 데 도움이 됩니다.

• **사회복지사**: 사회복지사는 어려운 상황에 있는 개인이나 가정을 돕는 일을 합니다. ESFJ는 타인을 돕고 지원하는 데 열정적이며, 사회적으로 유익한 일을 수행함으로써 보람을 느낄 수 있습니다.

• **의료 간호사**: 의료 간호사는 환자들과 직접 상호작용하며, 그들의 감정과 필요를 이해하고 돌봐 줍니다. ESFJ는 이러한 상호작용을 통해

다른 사람들에게 도움이 되고 있다는 느낌을 받을 수 있습니다.

15) ENFJ – 선도자(외향-직관-감정-판단)

ENFJ는 주변 사람들에게 영감을 주는 데 능숙하며, 명확한 목표와 가치를 가지고 동기부여하고 이끌어 나갑니다. 주변 사람들의 성장을 촉진하고 지원하며, 긍정적인 변화를 이끌어 내기 위해 노력합니다. 현재 상황을 개선하고 미래를 위한 아이디어를 제시하는 적극적인 태도를 가지고 있으며, 리더십 역할을 맡아 사회적 모임이나 조직에서 다른 사람들을 도와 성장시키는 일을 선호합니다. 자신의 영향력을 활용하여 사회적으로 의미 있는 변화를 이끌어 내고, 타인들에게 영감을 주며 함께 의미 있는 일을 이루어 나갑니다.

ENFJ 유형은 사람들을 동기부여하고 이끄는 데 능숙하며, 긍정적인 변화를 이끌어 내는 데 관심이 많습니다.

• **사회복지사**: 다양한 사회적 문제에 대해 인식하고, 사람들을 돕고 지원하여 긍정적인 변화를 이끌어 내는 일입니다.

• **교육자나 교사**: 학생들을 가르치고 지도하여 그들의 잠재력을 최대화하고, 사회적인 영향력을 키울 수 있는 일입니다.

• **커뮤니케이션 디렉터**: 조직이나 기업에서 커뮤니케이션 전략을 개

발하고 실행하여 조직 내외의 사람들에게 영감을 주는 역할을 합니다.

• **사회운동가**: 사회적 불평등이나 인권 문제 등에 대해 투쟁하고 긍정적인 변화를 이끌어 내는 활동에 참여하는 일입니다.

• **리더십 개발 코치**: 개인이나 조직의 리더십 능력을 향상시키고, 성공적인 리더로 성장할 수 있도록 지원하는 역할을 합니다.

• **상담사 또는 심리치료사**: 사람들의 문제를 듣고 이해하며, 그들에게 지원과 조언을 제공하여 긍정적인 변화를 이끌어 내는 역할을 합니다.

• **강사**: 다양한 주제에 대해 열정적으로 가르치고, 청중을 동기부여하고 영감을 줄 수 있는 능력이 뛰어납니다.

• **정치가 또는 공공 서비스 직종**: 사회적인 변화를 추구하고, 정책 제정과 실행을 통해 사회적 문제를 해결하는 데 기여하는 일입니다.

• **사회 기업가**: 사회적 불평등 해소나 환경 보호 등의 문제에 대한 솔루션을 찾고, 이를 사업 모델에 접목하여 사회적 가치 창출을 목표로 하는 일입니다.

• **자선 단체 활동가**: 자선 단체나 비영리 기관에서 사람들의 필요를 파악하고 지원하는 데 힘쓰는 일을 합니다.

- **영성지도자/명상지도자**: 사람들이 내면의 평화를 찾고 자아실현을 도모할 수 있도록 지도하는 데 적합한 성향을 가지고 있습니다.

- **인사 및 인재 개발 담당자**: 조직 내에서 직원들의 복지와 성장을 촉진하고, 적절한 인재를 발굴하고 육성하여 조직의 인적 자원을 효과적으로 관리하는 역할을 수행합니다.

16) ENTJ - 지도자(외향-직관-사고-판단)

ENTJ는 대담하고 결단력 있는 리더십을 펼치며 자신의 비전과 목표를 실현합니다. 뛰어난 조직력과 계획력으로 목표를 달성하기 위한 전략을 세우고 실행하는 데 능숙하며, 어려운 상황에서도 냉정하게 문제를 해결합니다. 탁월한 리더십 능력을 가지고 있어 조직을 효과적으로 운영하고 팀원들을 동기부여하며 지원합니다. 또한, 도전적인 환경에서 능동적으로 나서며 변화와 혁신을 촉진하며 최상의 결과를 얻기 위해 노력합니다. 이러한 특성들은 ENTJ가 다양한 분야에서 지도자로서 성공을 이루는 데 기여합니다.

ENTJ 유형은 리더십, 계획성, 결단력이 필요한 다양한 직업에 적합합니다.

- **CEO 또는 경영진**: 대기업이나 스타트업의 경영진으로서 조직을 이끄는 역할이 잘 어울립니다. 비전을 제시하고 목표를 달성하기 위한 전

략을 개발하며 조직을 효과적으로 운영합니다.

- **컨설턴트**: 전략 컨설팅, 경영 컨설팅 또는 조직 개선 컨설팅과 같은 분야에서 일할 수 있습니다. 기업의 문제점을 파악하고 해결책을 제시하는 과정에서 뛰어난 분석력과 리더십을 발휘할 수 있습니다.

- **변호사**: 변호사로서 리더십과 결단력이 요구되는 상황에서 잘 적응할 수 있습니다. 법률 분야에서 고객을 대표하여 법적 문제를 해결하고 대응하는 과정에서 역량을 발휘할 수 있습니다.

- **법률가**: 변호사로서 법률 분야에서 리더십과 전략적 사고가 요구되는 상황에서 잘 적응할 수 있습니다. 고객을 대표하여 복잡한 법적 문제를 해결하고 대응하는 역할을 수행할 수 있습니다.

- **정치인**: 공공의 이익을 위해 사회나 정부에서 리더십을 발휘하는 역할이 잘 어울립니다. 정책 개발과 실행, 정책 변화를 주도하는 과정에서 뛰어난 조직력과 통찰력을 발휘할 수 있습니다.

- **프로젝트 매니저**: 프로젝트 팀을 이끌고 프로젝트 목표를 달성하기 위한 계획을 수립하고 실행하는 역할이 잘 어울립니다. 다양한 프로젝트에서 팀원들을 조직하고 리드하여 성공적인 결과를 이끌어 낼 수 있습니다.

5. MBTI의 활용성

- **자기 인식 증진**: 자신의 선호, 강점, 발전 영역을 이해함으로써, 개인은 더 효과적인 의사결정과 자기 관리를 할 수 있습니다.

- **대인관계 개선**: 타인의 성격 유형을 이해함으로써, 의사소통과 관계 구축에서 더 나은 전략을 개발할 수 있습니다.

- **직업 만족도 향상**: 자신의 성격 유형에 맞는 직업 경로를 탐색함으로써, 직업적 만족과 성공을 높일 수 있습니다.

- **팀워크 강화:** 팀 내 다양한 성격 유형의 이해를 바탕으로, 효과적인 팀 구성과 협업 전략을 마련할 수 있습니다.

제2장
심리성명학 이론

1. 심리성명학이란

파동성명학은 입을 통하여 나오는 소리가 인간의 운명과 어떤 연관 관계가 있나 알아보기 위해 연구된 학문입니다. 소리파동이란 공기나 그 밖의 매질이 발음체에 진동을 일으켜 생기는 파동을 말합니다. 그 파동이 다시 파문이 되어 사방으로 퍼져 나가는 현상이라 할 수 있습니다.

파동성명학의 기본적인 설명이 물과 공기라는 물리적인 매질을 통해 진동을 일으킨다는 것에 대한 근거라면, 파동심리성명학은 미시적 매질인 에테르를 통해서 파동을 일으키고, 그 파장은 시공간을 초월하여 온 우주에 전달되는 현상으로 인간의 삶에도 영향을 끼친다는 관점을 추가하였습니다.

에테르는 우주의 물질이며, 물리적인 작용이 아니더라도 생각과 감정 만으로도 파동을 일으킵니다. 감정에 의해 일으킨 파동은 우주의 물질 인 에테르에 저장되었다가 다시 공명 현상을 일으켜 인간의 카르마적 인 삶을 살아가도록 작용케 하는 역할을 합니다.

에테르는 눈에는 보이지 않지만, 분명 존재하는 기(氣)입니다. 이 기(氣)는 운명학을 연구하는 데 큰 관점이자 중요한 요소가 된다고 할 수 있으므로, 이러한 형이상학적인 관점은 오늘날에 마음공부와 명상 등의 근간이 되는 기본 법칙이 되었습니다. 또한 심리성명학의 기본 법칙이라고도 할 수 있습니다.

　감정 진동수에 따라 우리들의 운명을 만들어 낸다는 단순한 진리는 생활 철학으로 자리매김되어 널리 활용되고 있습니다. 이렇듯 심리성명학은 4 원소론의 물리성과 에테르라는 미시적 원소론을 더한 것이라고 단순하게 이해해도 좋습니다.

　이름은 사실상 소리와 글자에서 나오는 에너지입니다. 소리는 진동으로 우리에게 영향을 주고, 글자는 모양을 통해 에너지를 전달합니다. 이 에너지는 우리 몸과 마음의 상태에 변화를 가져옵니다.

　좋은 이름이란 우리 몸의 에너지 불균형을 해소하고 건강한 삶을 이끌어 내는 것입니다. 이름의 에너지가 강하면, 우리의 몸에 영향을 주어 마음까지도 변화시킬 수 있습니다.

　이러한 마음의 변화는 결국 우리의 운명에도 큰 영향을 끼쳐 스스로가 원하는 삶을 만들어 가는 데 긍정적인 역할을 하게 될 것입니다.

　파동성명학은 동양철학의 기본 원리인 음양오행이론과, 동양철학의 꽃이라고 할 수 있는 사주 명리의 육친이론을 근간으로 두고 있습니다. 또한 파동이라는 단어는 지극히 서양적이면서 과학적입니다. 그래서 파동성명학은 과학철학이라 불리기도 합니다.

인간이 살면서 겪고 있는 모든 현상들은 그 너머에 있는 미시적인 에너지의 작용이 실체입니다. 현상만을 쫓다 보면 진정 우리들이 처한 문제점에 대한 근원적인 해결점은 찾지 못하게 됩니다. 그래서 이름에서 발현되고 있는 기운의 실체를 밝혀내고자 연구된 학문이 파동심리성명학입니다.

인간이 무의식으로 느끼는 모든 감정들은 운명을 만들어 내는 재료가 되고, 이름의 파장은 이러한 무의식에도 영향을 끼칩니다. 무의식이란 일반적으로 각성되지 않은 심적 상태, 즉 자신의 행위에 대하여 자각이 없는 상태를 말합니다. 이렇듯 이름의 기운은 표면 의식으로는 인식되지 못한 채 무의식적으로 세포에 저장된 정보에 의해서 시시때때로 공명 현상을 일으킵니다. 그 영향을 받은 인간은 에고적인 운명을 살아가게 되는데, 지금 현재 우리들의 삶의 모습이라 할 수 있습니다. 한마디로 생각만으로 기분이 나빠져 감정을 일으킬 수 있다는 점이고, 이 감정은 또 파동을 일으킨다는 것입니다.

예를 들자면 김방구라는 이름을 가진 사람이 있다고 가정해 보겠습니다. 김방구라는 이름에 어린 시절부터 매사에 짜증이 많고, 부정적인 성향이 많으며, 무슨 일을 하더라도 빨리 포기를 하는 기운이 담겨 있다면 사람들은 김방구라는 사람을 매사에 짜증이 많고 부정적이며, 빨리 포기하는 사람으로 여길 것입니다. 굳이 입을 통해서 김방구라고 부르지 않아도 이러한 인식과 생각, 감정은 미시적인 매질에 의해서 파동을 일으키고, 입자를 만들어 내어 김방구라는 사람의 현실적인 인생 문제에도 영향을 끼친다고 볼 수 있습니다.

이렇듯 생각만으로도 공명 현상을 일으켜 당사자인 김방구라는 사람이 가지고 있는 고유의 주파수를 더 증폭시키게 됩니다.

그러므로 이름의 힘을 알고 적절히 활용하여 미래의 운명을 더 밝고 긍정적으로 만들어 나가는 것이 중요합니다.

2. 이름에 담긴 에너지

이름에서 파동수를 알아내는 방법은 무엇일까요? 이름의 에너지는 한자가 아닌 한글 이름에서 알아냅니다. 그 이유는 한글의 과학성에 있습니다.

1) **소리의 진동 분석**: 한글 이름을 발음할 때 나오는 소리의 진동을 분석합니다. 음양오행의 이치를 따져 한글 이름이 가지는 고유의 파동수를 파악합니다.

2) **글자의 형태적 특성**: 한글은 인간의 구강 구조를 연구하여 만든 소리글자입니다. 각 자음과 모음의 형태가 만들어 내는 글자는 음양오행 이론의 근간으로 분석하여, 이름이 가진 에너지의 특성을 이해합니다.

한글의 과학성은 이러한 분석에 있어 중요한 기반이 됩니다. 한글의 고유한 구조와 발음 체계가 이름에서 파동수를 알아내고, 그 에너지를 이해하는 데 중요한 역할을 합니다. 한글의 우수성은 전 세계적으로 인정받고 있으며, 이는 이름의 에너지를 분석하는 데 있어서도 중요한 가치를 가집니다.

파동수의 도출은 사주명리학의 십성이론을 기반으로 합니다. 십성을 파동수로 적용시켜 특성을 이해합니다.

　인간이 가지는 고유한 주파수는 사람마다 차이가 있습니다. 그 사람에서 가장 특색적으로 나타나는 파동수는 그 사람의 성향을 나타내므로, 이러한 성향을 바탕으로 진로에 대한 고민을 해결해 줄 수 있습니다.

3. 음양오행과 십성에 따르는 파동수의 적용표

십성(육친)	파동수	오행	음양(천간)
비견	1	木	갑+
겁재	2		을-
식신	3	火	병+
상관	4		정-
편재	5	土	무+
정재	6		기-
편관	7	金	경+
정관	8		신-
편인	9	水	임+
정인	0		계-

4. 한글의 오행 분류표

천간	지지	오행·오음	자음	모음
갑	인	木 어금닛소리	ㄱ	ㅏ·ㅑ
을	묘		ㅋ	ㅕ
병	사	火 혓소리	ㄴ	ㅜ·ㅕ·ㅟ
정	오		ㄷ·ㄹ·ㅌ	ㅠ·ㅖ
무	진·술	土 목구멍소리	ㅇ	ㅓ·ㅔ
기	축·미		ㅎ	ㅐ·ㅒ
경	신	金 잇소리	ㅅ·ㅆ	ㅣ·ㅖ
신	유		ㅈ·ㅊ·ㅉ	ㅢ·ㅡ
임	해	水 입술소리	ㅁ	ㅗ·ㅘ·ㅚ
계	자		ㅂ·ㅍ	ㅛ·ㅙ

5. 파동수 도출표

천간 (연도의 수)	갑 4	을 5	병 6	정 7	무 8	기 9	경 0	신 1	임 2	계 3
ㄱ ㅏ·ㅑ	1	2	3	4	5	6	7	8	9	0
ㅋ ㅓ·ㅕ	2	1	4	3	6	5	8	7	0	9
ㄴ ㅜ·ㅝ·ㅟ	9	0	1	2	3	4	5	6	7	8
ㄷ·ㄹ·ㅌ ㅠ·ㅖ	0	9	2	1	4	3	6	5	8	7
ㅇ ㅏ·ㅔ	7	8	9	0	1	2	3	4	5	6
ㅎ ㅐ·ㅒ	8	7	0	9	2	1	4	3	6	5
ㅅ·ㅆ ㅣ·ㅖ	5	6	7	8	9	0	1	2	3	4
ㅈ·ㅊ ㅓ·ㅡ	6	5	8	7	0	9	2	1	4	3
ㅁ ㅗ·ㅚ	3	4	5	6	7	8	9	0	1	2
ㅂ·ㅍ ㅛ·ㅙ	4	3	6	5	8	7	0	9	2	1
지지(띠)	인	묘	사	오	진 술	축 미	신	유	해	자

이름의 수리 도출 방법은 이름의 자음과 모음을 파자하여 연생의 간지와 관계를 따져 생극제화의 법칙으로 수리를 산출합니다. 예를 들어 1987년 丁卯생이라면 연도의 끝 자인 7을 기준으로 하여 천간의 수리를 도출하고, 띠에 해당하는 卯를 기준으로 하여 지지의 수리를 도출합니다.

6. 수리 산출의 예시

1987년 丁卯생 '이다비'라는 이름의 파동수를 도출하면 다음과 같습니다.

천간	이름	지지
0	ㅇ	8
8	ㅣ	6
1	ㄷ	9
4	ㅏ	2
5	ㅂ	3
8	ㅣ	6

천간	이름	지지
0 8	이	8 6
1 4	다	9 2
5 8	비	3 6

제3장

파동수의 특성 이해

1. 음양의 기본적인 특성 이해

1) 양기운의 기본적 성격 구조

　양기운은 감정을 쉽게 드러내는 외향적 성격을 가지고 있어, 밝고 적극적이며 추진력이 뛰어납니다. 소탈하기보다는 화려한 면모가 두드러지며, 인간관계에서는 확장적이어서 광범위한 관계를 맺습니다. 활동적이고 조급한 경향이 있어, 때로는 즉흥적인 결정이나 성급한 판단을 내리며, 이로 인해 선택에 대한 후회를 경험할 수도 있습니다.

　성정이 섬세하지는 않고 분석적인 면에서 약점을 보이지만, 일단 시작한 일에 대한 자신감이 있으며, 때때로 예상치 못한 행운을 경험하기도 합니다. 피드백에 대한 수용력은 다소 부족하지만, 자신의 생각이 옳다고 믿는 경향이 강합니다. 실천력이 좋아 배운 것을 빠르게 응용하고, 실전에도 강합니다. 자기 어필이 강하며 직관을 중시하는 경향이 있습니다. 외모를 중시하며, 타인을 평가할 때도 외모를 중요하게 여깁니다. 감정적이어서 자신의 상태를 쉽게 드러내고, 때로는 남을 탓하는 경향이 있습니다. 직설적이고 공격적인 성향이 있지만, 이는 능동적인 태도의 일부로, 답답함을 느끼지 않는 성격입니다. 새로운 것에 대한 호기심이 많으며 칭찬에 잘 반응하고, 현실적인 감각이 있습니다. 개방적이고 미래 지향적인 면모가 있지만, 때때로 너무 치우치면 실질적인 내용이 부족할 수 있습니다.

2) 음기운의 기본적 성격 구조

음기운은 감정을 잘 드러내지 않는 내향적인 성격을 가지고 있으며, 소심하고 신중한 특성으로 인해 다소 소극적입니다. 음성적인 성향을 보여 대인관계에서는 확장성보다 지속성을 중시하고, 인연을 맺을 때 신중을 기합니다. 안정을 추구하며 변화에 대한 두려움이 있고, 때로는 대중과의 타협을 선호합니다. 결단력이 다소 부족해 상황에 끌려가는 경우도 있습니다. 혼자만의 사색과 자신만의 시간 및 공간을 중요하게 여기며, 방어적인 태도로 쉽게 마음을 열지 않습니다.

감정에 깊이 빠져들면 자제력을 잃기 쉽고, 이는 우울감으로 나타날 수 있습니다. 상대방의 의견과 생각에 공감하고 수용하는 능력이 있으며, 깊고 끈끈한 인간관계를 추구합니다. 겉으로는 연약해 보일 수 있지만, 내면적으로는 강인한 면모를 가지고 있으며, 변하지 않는 지속을 바탕으로 한 사회성을 발휘합니다. 성숙하고 겸손한 면이 많으며, 우회적인 표현을 잘합니다. 감정과 생각이 복잡하며 문제의 원인을 자신에게서 찾는 경향이 있습니다.

끈기 있고 장시간 집중하는 능력이 뛰어나, 지속성이 요구되는 일에 강점을 보입니다. 타협적인 성향을 가지고 있어, 보편적인 사고방식을 선호합니다. 신체적인 활동보다는 지적 활동에 더 적합하며, 지식을 쌓는 데 열중합니다. 지식 쌓기를 자신을 발전시키는 수단으로 여기며, 자격증 등 지적 재산을 쌓는 데 능숙합니다.

3) 파동수의 음양 구분

오행	파동수의 오행 적용	음양 조합	파동수의 음양
木	1 (+木)	+ +	음의 성질
	2 (-木)	+ -	양의 성질
火	3 (+火)	+ +	음의 성질
	4 (-火)	+ -	양의 성질
土	5 (+土)	+ -	양의 성질
	6 (-土)	- -	음의 성질
金	7 (+金)	- +	양의 성질
	8 (-金)	- -	음의 성질
水	9 (+水)	- +	양의 성질
	0 (-水)	- -	음의 성질

▶ 양의 파동수 : 24579
▶ 음의 파동수 : 13680

2. 파동수의 특성 이해

이름에 담긴 파동수의 특성과 성향을 이해하여, 적합한 직업을 찾아 진로를 결정하는 데 도움을 받을 수 있습니다. 또한, 자신의 선호도, 강점, 발전 영역을 파악함으로써, 개인은 더 효과적인 의사 결정과 자기관리를 할 수 있습니다. 타인의 성격 유형을 이해함으로써, 의사소통과 관계 구축에서 더 나은 전략을 개발할 수 있으며, 자신의 성격 유형에 맞는 직업을 찾아 진로를 결정함으로써, 직업적 만족과 성공을 높일 수 있습니다. 또한, 팀 내 다양한 성격 유형의 이해를 통해, 효과적인 팀 구성과 협업 전략을 마련할 수 있습니다.

1) 파동수 1·2의 특성 이해

파동수 1·2는 오행 이론에서는 목(木)에 해당하며, 십성이론에서는 비겁에 해당됩니다. 파동수의 특성을 분석하기 위해서는 음양오행이론과 십성이론을 기반으로 합니다.

파동수 1·2는 나와 같은 오행 속성을 가지고 있어서 성명학에서는 나 자신을 상징하는 파동수에 해당됩니다. 음양으로 구분하여 파동수 1과 파동수 2로 나누어 분석합니다.

파동수의 특성을 제대로 이해하기 위해서는 십성의 특성과 오행의 상징성을 먼저 파악하고, 그 다음에 음양의 성질을 적용하는 것이 중요합니다.

파동수 1·2의 기본적인 성향으로 자아성, 주체성, 독립성, 경쟁력, 사회성, 리드형 등을 나타내며 신체적인 구조로는 간, 눈 등을 나타냅니다. 1의 파동수는 타인과 융화 및 동화되는 기질을 가지며, 사회적 생존을 위한 심리가 보편성으로 나타납니다. 반면에 파동수 2는 생존에 대한 두려움이 경쟁심, 투쟁심, 환대와 같은 속성으로 표현되며, 이는 편중된 성향으로 나타납니다.

파동수 1·2의 현실적인 작용으로는 건강, 경쟁, 투쟁, 계획성, 목적성, 대중, 파재, 독립, 전문가, 리더십, 분배, 지배, 공동, 협력, 동업, 협업, 분업, 사회 등의 이슈로 작용합니다.

인간관계의 작용으로는 나 자신, 형제자매, 경쟁자, 동업자, 친구, 동료, 시부 등을 나타냅니다.

파동수 1은 사회적 성향이 보편적이고 안정적이며, 연속성을 지향하는 작용력으로 음적 기질의 특성을 나타냅니다. 음적인 기질은 안정성을 추구하기 때문에 무모한 행동을 하지 않습니다. 규칙을 잘 따르며, 경쟁도 선의로 하는 편이며, 결과에 대해서도 승복하는 자세를 가집니다.

반면에 파동수 2는 사회적 성향이 변칙적이며, 상황에 따라 편법을 사용하는 등 수단과 방법을 가리지 않고 경쟁에서 이기려는 강한 투쟁심을 나타냅니다. 이는 선의의 경쟁과는 거리가 멀며, 목적을 달성하기 위해 다양한 전략을 사용하는 모습으로 드러납니다.

▶ 파동수 1·2의 음양 작용에 따르는 특성의 이해

파동수 1·2는 강한 리더십 특성을 지니고 있으며, 이러한 리더십은 음양의 구분에 따라 다른 양상을 보입니다. 파동수 1의 리더십은 음적인 기질에 부합하여, 원칙에 기반한 단호함을 통해 위엄 있는 리더의 모습을 보여 줍니다. 하지만 때때로 이러한 성격은 융통성이 부족해 보일 수 있습니다.

반면, 파동수 2의 리더십은 상황에 따라 원칙을 유연하게 적용하는 것이 특징이며, 이를 통해 창의적이고 개방적인 태도로 구성원들과 소통하면서 융통성 있는 리더의 모습을 나타냅니다. 그러나 이러한 유연성은 때때로 리더십의 일관성이나 권위가 약화되는 원인이 될 수 있으며, 분명한 방향성이 부족할 때에는 팀이나 조직의 목표 달성에 방해가 될 수도 있습니다.

파동수 1·2는 재정적 손실이나 지출이 발생하기 쉬운 특성을 가지고 있습니다. 이 경우 파동수 1과 파동수 2에 따라 다른 양상을 보입니다. 파동수 1의 경우, 지출은 일반적으로 계획적이고 예측 가능한 성격을 띱니다. 이는 사전에 정해진 예산 내에서의 지출이나 투자와 같이 고려된, 의도적인 재정 관리와 장기적인 재정 계획과 목표에 부합하는 패턴을 의미하며, 예상치 못한 비용에 대비하는 데 도움이 됩니다.

반면, 파동수 2는 불규칙하고 예측할 수 없는 재정적 지출을 나타냅니다. 이 경우, 갑작스러운 상황이나 예기치 못한 사건으로 인해 재정적 파재가 발생할 수 있습니다.

예를 들어, 급박한 상황에서의 긴급한 지출, 계획에 없던 비용이나 소비, 또는 예상치 못한 사고나 손실 등이 이에 해당할 수 있습니다. 이러한 유형의 지출은 일반적으로 미리 계획하거나 예측하기 어렵기 때문에, 재정 관리에 있어서 더 많은 유연성과 대비책이 필요합니다.

2) 파동수 3·4의 특성 이해

파동수 3·4는 오행 이론에서는 화(火)에 해당하고, 십성 이론에서는 식상에 해당합니다. 파동수 3·4는 내가 다른 오행을 생하는 속성을 가지고 있습니다.

파동수 1·2가 나를 상징한다면 내 입장에서는 파동수 3·4는 자식이 되는 것입니다. 그래서 3·4의 파동수가 있는 사람들은 주변 사람들을 자식처럼 돌보기도 합니다. 자식을 대하듯이 주변 사람들에게 베풀고 나누는 성향이 있으며, 양육하는 에너지를 가지고 있습니다.

파동수 3·4는 감성적이지만 때론 감정적입니다. 나와 잘 통할 때는 마음을 다 내어줍니다. 그러나 상대가 호의적이지 않을 땐 그 관계를 끊어 내어 감정 표현을 합니다. 파동수 3·4는 표현력이 좋아서 이성에게도 적극적으로 다가가지만 내가 좋아하지 않으면 움직이지 않습니다.

파동수 3·4의 기본적인 특성으로는 재능, 정신, 감정, 감성, 지혜, 표현 등을 나타내며, 신체의 구조는 우뇌, 자궁, 유방, 심장 등을 나타냅니다. 인간관계의 작용으로는 자식(여자), 조모, 장모, 조상 등을 나타냅니다.

파동수 3·4의 현실적인 작용으로는 종교성, 영성지도자, 영감, 두뇌회전, 미시적인 세계관, 임기응변, 예술성, 언변력, 요식업, 교육 분야, 기술 분야, 제조, 창작력, 영업력, 상담, 봉사 정신, 다재다능, 생산성, 베풂, 운동, 여행, 과시, 표현, 일머리 등을 나타냅니다.

3·4의 경우 우뇌, 정신, 영감, 영성, 종교 등의 파동수를 상징하는 만큼 직관력이 매우 뛰어 납니다.

▶ **파동수 3 · 4의 음양 작용에 따르는 특성의 이해**

파동수 3은 보편적인 작용으로 안정성을 추구하는 면이 있고, 파동수 4는 과시형의 편중적인 면이 있습니다.

파동수 3·4는 베푸는 성향이 있습니다. 베풂에 있어서도 파동수 3은 꾸준히 안정적으로 지속적으로 베풀어 주는 성향이라면, 파동수 4는 베풀 때도 크게 확 베풀어 주다가도 마음이 내키지 않으면 냉정하게 돌아섭니다.

파동수 3은 식신이라는 이름답게 요식업에 종사를 하더라도 식당과 같은 보편적인 것을 선택한다면, 파동수 4는 마케팅에 능하고 결과를 빨리 내고 싶어 하는 성향으로 부식, 반찬 등과 같은 판매 형태의 요식업에 비중을 둡니다.

3(식신)에 걸맞게 배만 부르면 크게 불편함이 없습니다. 요리하는 것을 좋아하고 음식을 즐기는 미식가가 많기 때문입니다. 호기심이 있고 흥미로운 일에 집중하는 것을 좋아하여 몰두하면 잠을 안 자고 하는 경향이 있습니다. 창의적이지만 자신만의 독특함을 표현하므로 대중의 관심을 불러들이지 못할 때도 있지만, 생존을 위해서는 보편적인 분야에 관심을 가지며 스스로 노력하여 얻는 유형입니다.

꾸밈없고 소탈하면서 솔직한 파동수 3에 비해, 파동수 4는 언어를 쓰는 능력이 탁월하고 화려하며 유려합니다. 타인과 비교하여 자신의 우월성을 증명하고 싶어 합니다. 그 우월성을 바탕으로 타인에게 자신의 존재를 과시하고 싶은 심리 작용이 있습니다.

그래서 타인의 관심사를 주제로 삼습니다. 유행품이나 부가가치가 있는 분야를 따라가고, 아이디어를 응용하여 재탄생시키는 능력이 탁월합니다. 모방 능력은 모든 예술의 기반이면서 창조의 뿌리가 되는 것입니다.

인류 문명의 발전은 후대에 의해 더 발전하고 화려해지기 마련입니다. 에디슨이 전기를 발명하였지만 그것을 응용하여 발전시키는 원동력은 이 파동수 4의 큰 역할 덕분일 것입니다.

그뿐만 아니라 파동수 4는 마케팅 쪽으로 강합니다. 창작보다는 모방하고 재탄생시켜 대중에게 유통하여 과시하는 기능이 더 체질에 맞는 것입니다. 한마디로 3이 '제조'라면 4는 '서비스'입니다.

파동수 4의 장점은 약자를 대신하여 목소리를 내어 줄 때 드러납니다. 물론 타인과 경쟁하여 이기고 싶은 욕망이 그 뿌리입니다. 타인의 관심사에 예민하여 귀 기울여 들어 주고, 공감해 주고, 화려한 말솜씨로 약자의 목소리를 대신해 도움을 주는 것입니다.

교육에 대해서는 파동수 3은 보편적인 학습으로 전 과목의 교육 형태로 다양성을 추구한다면 파동수 4는 한 과목을 전문적으로 하는 특수성을 가지고 있습니다.

3) 파동수 5·6의 특성 이해

파동수 5·6은 오행이론에서는 토(土)에 해당하고, 십성이론에서는 재성에 해당합니다. 파동수 5·6은 내가 다른 오행을 극하는 속성을 가지고 있으며, 자본주의에서 가장 필수적인 요건인 재물을 상징합니다. 파동수 5·6은 사회 적응력이 뛰어나고, 사회를 해석하는 능력이 탁월합니다.

파동수 5·6은 개인의 경제 활동력과 그것이 사회에 미치는 영향을 나타냅니다. 현대 자본주의 사회에서 돈은 단순한 화폐가 아닌, 생활의 질, 사회적 지위, 그리고 개인의 성공을 측정하는 핵심 지표로 여겨집니다.

이러한 맥락에서, 경제 활동은 생존을 넘어서 안정적인 생활을 구축하고, 개인적인 자아실현과 사회적 인정을 얻기 위한 필수적인 수단이 됩니다. 사람들은 재정적 안정과 개인의 가치를 높이기 위해 다양한 경제 활동에 참여하며, 이는 종종 부와 성공을 향한 끝없는 추구로 이어집니다.

이러한 부의 추구는 종종 사회적 비교 의식에서 비롯되며, 이는 개인이 자신의 위치를 평가하고 개선하기 위한 끊임없는 동기를 제공합니다. 따라서 파동수 5·6은 개인이 경제적으로 활동하고, 이를 통해 사회적, 개인적 목표를 달성하려는 깊은 욕구와 밀접하게 연결되어 있습니다.

파동수 5·6의 기본적인 특성으로는 재물, 사회 활동성, 경제성 등을 나타내며, 신체의 구조는 위장, 비장 등을 나타냅니다. 인간관계의 작용으로는 부친, 시모, 부인 등을 나타냅니다.

파동수 5·6의 현실적인 작용으로는 사회 활동력, 재물, 현금, 금융, 은행, 사업성 자금, 사회를 해석하는 능력, 재정계, 돈에 대한 지향성 등을 나타냅니다.

▶ 파동수 5 · 6의 음양 작용에 따르는 특성의 이해

파동수 5는 확장성 재물을 상징하며 편중적인 면이 있고, 파동수 6은 안정성 재물을 상징하며 보편적인 면이 있습니다.

파동수 5는 돈에 대해서는 소유욕보다는 확장성이 가깝습니다. 배부르지 않은 마음 상태를 유지하며 재화를 위한 전투적인 삶을 살아갑니다. 그래서 안정된 직업보다는 사업성 쪽으로 기운이 더 흐릅니다. 당장은 이득이 되지 않아도 타인에게 호의를 베풀며 크게 사업을 확장할 것을 대비한 어장 관리를 평소에 합니다. 언제든 도움을 받을 수 있을 것이라는 기대 심리가 반영되는 것입니다. 이렇듯 광범위한 인맥 관리를 통해 도움이 필요한 순간이 오면 스스럼없이 다가가 도움을 요청합니다.

파동수 5는 붙임성이 좋아서 초면임에도 불구하고 두려움 없이 다가가며 이는 상대가 이성일 때도 발현됩니다. 폭넓은 인맥을 추구하는 타입답게 사회성이 파동수 중에서도 탁월합니다. 많은 사람들을 만나고 넓은 지역을 돌아다니며 공간적 부지런함이 돋보여 역마성 파동 중의 하나로 배속되어 있습니다.

돈이 흘러드는 사회를 해석하는 능력은 탁월하지만 그 돈이 안정적으로 쌓이는 것은 평생 불가능합니다. 파동수 5의 투자심리 때문입니다. 하나가 있으면 둘을 얻기 위해 재투자를 하는 성분으로 그 끝은 없습니다. 그래서 안정된 직장보다는 사업 쪽으로 기운이 더 갑니다.

사회의 경제 성장을 이룬 일등 공신 역시도 파동수 5입니다. 안정보다 베팅력 있는 배포로 재물을 쌓으며, 그 재물을 쌓는 데 있어서는 한계를 짓지 않기 때문입니다. 자기 능력이 부족할 때 외부의 도움도 적극적으로 이용합니다.

파동수 6은 돈을 자신의 생존에 필요한 필수 자원으로 여기며 축적하고 소유해야 한다는 가치관을 가지고 있습니다. 자신이 돈을 벌고 쓰는 데 명확한 자기만의 기준이 있으며, 안정성을 추구하여 보관과 관리에도 섬세하여 저축형입니다.

사업성일 땐 안정적인 매출이 보장되는 품목을 선택하며, 위험성이 높은 투자를 좋아하지 않습니다. 소비에 대한 스스로의 기준이 있어서 돈이 많아도 사치를 하지 않고 검소합니다. 일방적으로 신세 지는 것을 싫어하고 한 번 얻어먹으면 한 번 사는 기브 앤 테이크형입니다. 지인들의 경조사를 잘 챙기는 유형인데 이 역시 자신의 경조사가 있을 경우를 대비하는 심리적 작용입니다.

파동수 5가 폭 넓은 인간관계라면, 파동수 6은 1:1 관계를 더 추구합니다. 서로 신뢰를 바탕으로 한 깊고 끈끈한 관계를 오래 유지합니다. 또한 상대의 말을 적당히 잘 이끌어 내는 파동수 5와는 다르게 파동수 6은 상대의 말을 끝까지 잘 들어 주는 장점이 있습니다. 또 파동수 6의 성향이 있는 남자들은 여자에게 다가갈 때 진중한데 그 심리에는 혹여 거절당할 것에 대한 두려움이 있고, 또 한 번 기회를 놓치면 큰일이기 때문입니다. 목표 없이 단순한 사교성으로 다가가지 않고, 매사에 신중하고 안정을 추구하는 파동수 6 입장에서는 당연합니다.

파동수 6은 재물을 상징하므로 생존에 의한 사회적 인간관계를 지향합니다. 경제 활동을 하기 위한 인간관계는 안정적이고 보수적이며, 인내심이 강합니다. 또한 신용을 중시하며 노력이라는 가치를 추구하여 시작한 일을 끝까지 잘 끝맺음 하여 결과에 대한 도출력이 좋습니다. 그래서 파동수 6은 재물을 현실적으로 창조하는 결정골입니다.

4) 파동수 7·8의 특성 이해

파동수 7·8은 오행이론에서는 금(金)에 해당하고, 십성이론에서는 관성에 해당합니다. 파동수 7·8은 다른 오행이 나를 극하는 속성을 가지고 있으며, 조직 생활에서 잘 적응해 나가는 좋은 구조입니다. 파동수 7은 양의 성질을 지니며 편중성을 나타내는 반면, 파동수 8은 음의 성질을 지니며 보편성을 나타냅니다. '맞다', '틀리다'의 사고력으로 남성적인 성향의 대표적인 파동수입니다.

인간은 사회적 동물이기에 힘의 역학으로 발생되는 권력 관계를 피할 수는 없는 존재입니다. 재물의 축적 단위가 권력으로 작용하는 또 다른 권력의 힘의 형태입니다. 그래서 현실적인 파동인 5·6과 7·8은 연동 관계라 할 수 있습니다.

통제와 간섭을 수용하고 조직 생활에서 서열의 우위를 차지하며 발전하면서 잘 적응해 나갑니다. 그래서 파동수 7·8은 조직 생활에 가장 잘 어울리는 파동수입니다.

파동수 7·8은 모두 완벽성을 나타내어 스스로가 자기 프레임을 형성하고 사고하여 자신을 힘들게 하는 성분입니다. 체면과 명예를 중히 여겨 타인의 평가에도 극도로 민감하여 상대가 별다른 의미 없이 하는 말에도 예민하게 반응하여, 다시 말해서 평범한 말에도 혼나는 기분이 드는 것입니다.

파동수 7·8의 기본적인 특성으로는 명예, 직업성 등을 나타내며, 신체의 구조는 폐, 대장 등을 나타냅니다. 인간관계의 작용으로는 남편, 자식(남자), 며느리(여자) 등을 나타냅니다.

파동수 7·8의 현실적인 작용으로는 명예 지향, 규율, 원칙, 조직 생활, 관청, 관리, 통제, 완벽성, 관념, 몸 쓰는 일, 카리스마, 규율, 권력욕, 지배욕, 통제력 등을 나타냅니다.

▶ **파동수 7 · 8의 음양 작용에 따르는 특성의 이해**

파동수 7은 쉬운 일보다 어려운 일에 몸을 던지는 성향으로 편중적인 면이 있고, 파동수 8은 안정적인 조직 생활을 하는 성향으로 보편적인 면이 있습니다.

파동수 7은 활동성이 강해 몸 쓰는 일을 주저하지 않으며 역마성에 배속되어 있습니다. 카리스마 넘치는 무관의 기질로 의협심이 있어서 정의로운 일에는 칼을 뺍니다. 그래서 출세를 위해 줄을 서는 것이 아니라 정의롭지 않을 때 뒤집어엎고 조직을 이탈합니다.

그리고 또 몸을 잘 다치는 경향이 있는데 그것은 위험을 두려워하지 않는 특성 때문입니다. 그러므로 그 특성은 직업으로도 잘 나타나서 경찰, 소방관, 직업 군인 등에 종사하는 사람이 많습니다. 조직 생활을 할 때 극단적인 면이 많고 자기 스스로에게 압박감을 주는 성분으로 기본적인 스트레스를 안고 있어서 욱하는 성정이 많습니다.

파동수 8은 욕망을 누르고 원칙을 따르는 힘입니다. 나를 극하니 개인의 자유를 제한하는 것이지만 나의 안전을 지켜 주는 든든한 울타리 역할도 하여 스스로가 만든 울타리 속에서 평온과 안정을 찾습니다.

파동수 7·8 모두 눈치가 빠릅니다. 파동수 8 역시 다른 사람을 의식하고 파악하는 기술이지만 자신의 안위와 안정을 위해서 발달한 기능입니다.

그래서 타인을 지배하기 위한 파동수 7과는 차이가 있습니다. 또 파동수 8은 이중적인 성향이 있지만 부정적인 느낌보다는 긍정적인 느낌으로 보는 것이 타당합니다. 이 역시 자신의 출세와 안위를 위해서 이득이 되는 쪽으로 줄을 서는 성향이지만 다른 사람에게 피해를 끼치지 않으므로 나쁘다고 할 수는 없습니다. 조금 치사하고 더러워도 속내를 드러내지 않아 속 따로, 겉 따로 보이지만 그 의도는 나쁘지 않다는 뜻입니다.

파동수 7이 의리로 칼을 빼는 것과는 대조적입니다. 의리가 밥 먹여 주냐는 말이 있는데 출세가 중요하다는 말을 빗대어 하는 말입니다.

이렇듯 파동수 8은 안정된 출세를 지향합니다. 안정적인 출세를 하는 8은 조직과 주변의 인정을 받으며 차근히 자신이 설계한 성장의 수순을 밟아 나갑니다. 자신에게 불이익을 줄 수 있는 상사가 싫어하는 일은 하지 않으며 스스로를 잘 다스려 공동체의 질서에 벗어나는 행동은 하지 않기 때문입니다.

공동체 질서를 위해서는 보편적인 질서와 규칙, 최소의 안전장치가 필요합니다. 사회의 질서를 잡는 데 큰 역할을 하는 것이 파동수 8입니다. 자기 과시와 어필을 중시하는 요즘 사회에서는 파동수 8을 고지식, 꼰대 마왕이라고 흉볼 때가 많습니다. 아무리 좋은 것이라도 과하면 문제가 되기 마련이지만 적당히 존재한다면 파동수 8은 매우 좋은 길성입니다.

이름에서도 각각의 성향들이 조화롭게 잘 포진되어 있다면 필요할 때 적재적소에 잘 활용할 수 있습니다. 고지식도 필요할 때는 약이 된다는 의미입니다.

5) 파동수 9·0의 특성 이해

파동수 9·0은 오행이론에서는 수(水)에 해당하고, 십성이론에서는 인성에 해당합니다. 파동수 9·0은 다른 오행이 나를 생하는 속성을 가지고 있으며, 나의 지적, 물적 재산을 문서화하는 구조입니다. 파동수 9는 양의 성질을 지니며 편중성을 나타내는 반면, 파동수 0은 음의 성질을 지니며 보편성을 나타냅니다.

파동수 9·0은 항상 배움과 학문을 가까이하면서 나의 능력과 실력을 갈고닦는 모습이 많습니다. 오랜 기다림과 인내와 숙련의 시간을 통해 생각하고 고찰하며 성장을 이루어 나갑니다. 그 성과로 권리, 이권, 자격, 면허를 취득하여 제대로 된 인정과 인증을 받습니다.

그래서 파동수 9·0은 전문화, 자격화, 기술화, 이권화 등의 특성을 지니며, 결과를 빨리 내고자 하는 다른 파동수들에 비해 더욱 인내할 수 있는 음적 성질이 강합니다.

자본주의 경제에서 문서화는 매우 중요한 역할을 합니다. 이 체계에서는 개인의 능력을 증명할 수 있는 자격증과 같은 공식 문서가 필수적입니다. 또한, 재산의 법적 권리를 확보하기 위해서는 관련 문서를 관청에 등록하는 절차를 거쳐야 합니다. 이러한 맥락에서 파동수 9·0은 자신의 가치를 인정받고 진정한 부를 달성하기 위한 필수적인 요소로 자리 잡고 있습니다. 현대 자본주의 사회에서 가치 인정은 바로 이러한 파동수 9·0의 역할과 연관되어 있습니다.

각 파동수는 고유한 특성을 지니고 있으며, 이들의 특징을 활용하여 사회 내에서 전략적으로 생존하고 경제 활동을 수행합니다. 생존의 기본 욕구를 나타내는 파동수 1·2로 시작해, 자아 표현을 위한 파동수 3·4, 자신의 역할을 찾는 파동수 5·6, 그리고 자신의 사회적 위치나 직위를 구축하는 파동수 7·8을 거칩니다. 이러한 모든 단계를 통과한 후, 깨달음과 삶의 진리를 수용하는 것이 파동수 0이며, 이는 자기 자신의 진정한 실현을 의미합니다. 결국, 이러한 과정은 삶의 깊은 진리를 이해하고, 그것을 자신의 삶에 적용하는 것으로 완성됩니다.

가정에서 아버지는 경제를 담당한다면 어머니는 교육을 담당합니다. 올바른 사회의 일원으로 삶을 잘 살아갈 수 있도록 삶에 필요한 윤리와 도덕, 지식 등을 가르쳐 주고 나를 따뜻하게 보살펴 주는 것이 파동수 0입니다. 윤리적, 도덕적 가르침인 파동수 9·0의 인성(어머니)과 현실적인 사고방식을 길러 주는 파동수 5·6의 재성(아버지)의 균형이 잘 맞을 때 올바른 삶을 살게 될 것입니다. 그래서 파동수 9·0은 학문, 어머니가 포함되어 있습니다. 훌륭한 인성과 개념을 가진 부모 밑에서 훌륭한 자식이 나옵니다.

파동수 9·0의 기본적인 특성으로는 문서, 학문 등을 나타내며, 신체의 구조는 신장, 방광 등을 나타냅니다. 인간관계의 작용으로는 어머니, 조부, 장인, 사위 등을 나타냅니다.

파동수 9·0의 현실적인 작용으로는 문서, 부동산, 면허, 학위, 계약, 글 작가, 편집, 학문, 논리적인 사고력, 도장, 결재권자, 자격증, 좌뇌형, 부동산, 보증, 신용 등을 나타냅니다

▶ 파동수 9 · 0의 음양 작용에 따르는 특성의 이해

　파동수 9는 남들이 하지 않는 특수 분야의 공부를 주로 하는 편중적인 면이 있고, 파동수 0은 사회적으로 보장된 안정적인 공부를 하는 성향으로 보편적인 면이 있습니다.

　파동수 9는 생업과 거리가 먼 지식을 쌓기도 하고, 가상의 세상에 잘 몰입하여 타인의 인생을 연기하는 연극인, 배우, 가상 인물, 외부의 신을 모시는 무속인, 역학, 예술, 종교인, 철학자 등이 어울리는 현실과 동떨어진 미시적인 세상의 것을 받아들이는 성분입니다. 4차원적인 사람으로 인식되기도 합니다.

　파동수 9는 공부 패턴에 있어서도 특유의 상상력으로 흥미로운 분야에 몰입하는 성향이 강합니다. 순간 몰입력이 강하지만 난해하거나 인내심이 요구되는 시점에서는 집중력이 떨어집니다. 순간 몰입력이 요구되는 분야에서 9는 두각을 나타냅니다. 생존을 위한 수단으로는 특수 분야의 자격증을 취득하여 특별함으로 도전합니다.

　파동수 9의 기능이 너무 강하면 현실 도피, 책임 회피가 될 수 있으므로 위험합니다. 당장 먹을 것이 없어 굶어 죽게 생겼는데도 공상만 하고 있으면 곤란할 것입니다. 뭐든 과하면 위험한 것이 당연한 것이지만, 고통스러운 현실을 잠시 내려놓고 세상을 관조적으로 바라보며 삶을 조절할 수 있다면 한층 더 즐겁고 여유로워질 것입니다. 그래서 작명에서도 필요하며 파동수 9도 좋은 길성이 됩니다.

또한 파동수 9는 파동수 3·4가 가지는 기능 중 일부분이 포함되어 있습니다. 좌뇌의 영역이면서 우뇌적인 성향이 강하여 파동수 3·4에 상징적으로 나타나는 영감, 직관, 종교성, 미시적인 세계관 등의 성향이 나타납니다.

파동수 0은 자신의 생존을 위하여 소유와 권리를 문서화하려는 성향이 강합니다. 그래서 인성에서 인은 도장 인(印)으로 문서, 부동산, 신용, 계약, 학위, 학문 등을 상징하기도 합니다. 생존 수단으로는 부동산이나 자격증을 활용하기도 하고, 임대료, 기술료, 학습 자격, 변호사, 문학적 등 안정적이고 보편적인 것을 선택합니다.

파동수 9는 역마성이 강한 특성을 가지고 있습니다. 성명학에서 역마성이라 정의를 내리는 파동수는 5·7·9가 강할 때입니다.

이러한 특성 때문에 파동수 9가 파동수 5와 7의 특성을 만날 때, 주로 활동적인 직업군에 속하는 경향이 있습니다.

제4장

MBTI와
파동수의 상호작용

1. MBTI와 파동수의 공통점 및 차이점

MBTI(Myers-Briggs Type Indicator)와 파동수는 인간의 성격과 에너지를 이해하고 분석하는 데 사용되는 두 가지 다른 개념입니다.

1) 공통점

MBTI(Myers-Briggs Type Indicator)와 파동수는 둘 다 개인의 특성을 이해하고 분석하는 데 사용됩니다. MBTI는 16가지 성격 유형을 제시하여 각각의 고유한 특성을 이해하고 존중함으로써 인간의 성격 유형을 분류하고 설명하는 심리학적 도구로, 개인의 강점, 선호도, 발전 영역을 파악하여 자기 관리를 돕습니다. 파동수는 개인의 이름을 통해 각자가 가지는 고유한 에너지를 파악하여 그 특성을 이해하고 적합한 직업을 찾아 진로를 결정하는 데 도움을 받을 수 있습니다. 둘 다 자신의 강점과 선호도를 파악하여 자기 관리를 할 수 있고, 타인의 성격 유형을 파악함으로써 대인관계를 더 잘 이해하고 긍정적인 영향을 끼칠 수 있도록 지원합니다.

2) 차이점

　MBTI는 인간의 성격을 정신적인 측면에서 분석하고 설명하는 데 중점을 둡니다. 이는 심리학적 이론과 연구에 근거하여 성격 유형을 파악합니다. 반면, 파동수는 이름의 문자를 음양오행이론으로 정립하였으며 그 풀이 방식은 명리학의 십성이론에서 응용하였습니다.

　심리학은 주로 서양에서 발전해 온 학문으로, 인간의 마음과 행동, 정신과 관련된 현상을 연구합니다. 반면에 성명학은 비교적 오랜 역사를 가진 동양철학의 음양오행이론이 근간이므로, 서양 철학과 동양 철학의 차이라고 해도 괜찮습니다.

　서양에서는 일반적으로 4 원소론이 사용되고, 동양에서는 주로 5 원소의 에너지를 반영하므로, MBTI와 파동성명학을 직접적으로 성향을 서로 적용할 수는 없습니다.

　그러나 그 성향에 따르는 유사성을 파악할 수 있으므로 그 연계성을 잘 설정한다면 상당한 부분 일치하는 면이 있습니다.

2. 각 MBTI 유형과 연관된 파동수 분석

분류 지표	방향	음양 오행	파동수	지표의 음양
에너지 방향 (태도 지표)	외향(E)	목·화	24579	양
	내향(I)	금·수	13680	음
정보 수집 (기능지표) 머리	감각(S)	화·수	3-A 0	음
	직관(N)	화·수	4 9-T	양
판단과 결정 (기능지표) 마음	사고(T)	목·화	2 4	양
	감정(F)	목·화	1-A 3-A	음
행동 방식 (태도 지표) 몸(행동)	판단(J)	토·금	5-T 7-T	양
	인식(P)	토·금	6-A 8	음

A-자기 확신형(양) T-민감형(음)

※ MBTI 유형과 파동성명학의 이론을 유사성으로 연결은 할 수 있지만, 접근의 방식은 분명 다른 학문이므로 완벽하게 접목할 수는 없습니다. 그러므로 이 장에서 유사성으로 연관된 것은 필자의 주관적인 견해이므로 절대적인 값은 아닙니다.

▶ MBTI 유형과 파동수의 적용표

파동수	지표	파동수	지표
13680	내향(I)	24579	외향(E)
1-A	**감정(F)**	2	사고(T)
3-A	감각(S) **감정(F)**	4	직관(N) 사고(T)
6-A	인식(P)	5-T	**판단(J)**
8	**인식(P)**	7-T	**판단(J)**
0	감각(S)	9-T	직관(N)

1) 에너지 방향의 지표와 음양의 연계성

음양의 개념은 대립되면서도 서로를 보완하는 요소들의 조화를 의미합니다. 외향성(Extraversion)과 내향성(Introversion)도 이와 비슷한 방식으로 볼 수 있습니다. 음양이 서로 다른 성향을 보이지만, 균형을 이루어야 한다는 개념과 연결될 수 있습니다.

에너지 방향의 외향적인 성향과 내향적인 성향은 파동성명학에서 명확히 구분되는데, 이는 성격의 특성도 높은 정확도로 파악할 수 있습니다. 내향적인 성향은 파동성명학에서 음적인 기운에 해당하는 13680의 파동수를 갖고 있으며, 외향적인 성향은 양적인 기운에 해당하는 24579의 파동수를 나타냅니다.

또한, 오행의 분류 역시 음양의 구분이 명확하기 때문에 복잡한 부분은 아닙니다. 외향성에 해당하는 오행은 봄과 여름을 나타내는 목(木)과 화(火)이며, 내향성에 해당하는 오행은 가을과 겨울을 나타내는 금(金)과 수(水)입니다. 그리고 간절기를 나타내는 토(土)는 음양 둘 다를 포함하고 있어 내향성과 외향성의 특성을 모두 가지고 있습니다.

2) 정보 수집의 지표와 파동수 연계성

감각(Sensing)과 직관(Intuition)은 정보를 수집하고 처리하는 방식의 차이를 나타냅니다. 문제 해결이나 의사 결정 과정에서 머리를 사용하는 방식으로 나타낼 수 있습니다.

　파동 성명학에서 두뇌를 상상하는 파동수는 34-90이 정보처리 기능에 해당하는 파동수입니다.

　파동수 3·4는 우뇌의 성향을 나타내며, 주로 정서적인 면으로 나타납니다. 반면, 파동수 9·0은 좌뇌의 성향으로, 논리적인 면과 정보 수집에 중점을 둡니다. 파동수 3·4는 직관형에 속하며, 우뇌의 성향을 보여 줍니다. 그러나 3·4를 음양으로 분류할 때, 3은 음의 성질을 가지며, 직관적이면서도 논리적인 사고의 경향이 강합니다. 그래서 3-A로 분류하며, 음양의 우선 분류 원칙을 적용하면, 감각(S) 유형으로 분류됩니다.

　파동수 9·0은 좌뇌의 성향을 나타내며, 주로 논리적인 면이 강합니다. 파동수 9·0은 모두 논리적인 정보 수집력을 가지고 있지만, 파동수 90을 음양으로 분류할 때 파동수 9는 양의 성질을 가지며, 논리적이면서도 직관적인 기능이 나타나므로 9-T로 분류하며, 음양의 우선 분류 원칙에 의해 직관(N) 유형으로 분류됩니다.

　요약하자면, 파동수 3·0은 보편적이고 논리적인 성향을 가지며, 음의 기운에 해당되어 감각(S) 유형에 속합니다. 반면에, 파동수 49는 직관적이며 독특한 상상력과 새로운 분야에 대한 관심을 나타내며, 양의 기운으로 인해 직관(N) 유형이 됩니다. 특히, 파동수 9는 성명학에서 가상의 세계에 깊이 몰입하고 현실에서 벗어난 미시적인 세계를 탐구하는 경향이 있습니다. 이는 때때로 《이상한 나라의 앨리스》 같은 4차원적 인물로 여겨지며, 직관(N) 유형과 잘 맞습니다.

 파동수 3·0과 4·9의 성향을 고려하면, 감각(S)은 현실적이고 실용적인 관점을, 직관(N)은 미래의 가능성과 가상의 시나리오를 탐구하는 경향이 있다는 점에서 서로 다르지만, 각각의 방식으로 세계를 이해하려는 공통된 목표를 가지고 있습니다.

3) 판단과 결정의 지표와 파동수의 연계성

 '사고(Thinking)'는 결정을 내릴 때 논리와 이유를 기반으로 하는 반면, '감정(Feeling)'은 개인의 감정과 타인에 대한 배려를 우선시합니다. 의사 결정 과정에서 각기 다른 기준을 적용하며, **마음**의 결정을 내리는 방식으로 나타낼 수 있습니다.

 파동성명학에서 마음의 지표를 결정하는 파동수는 1·2와 3·4입니다. 두 분류의 파동수는 몸의 영역보다는 마음의 영역에 가깝습니다. 3·4의 경우 두뇌와 마음을 동시에 포함하는데, 이는 정보를 담당하는 머리와 감정을 담당하는 마음이 함수 관계를 이루기 때문입니다. 기분이 나쁜 정보가 들어오면 마음에서 나쁜 감정이 일어나는 것이죠.

 또한 파동성명학에서 90-12-34의 파동수가 강한 사람들은 이상적인 파동수로 분류하여 주로 머리를 사용하는 직업에 어울린다고 조언합니다.

파동수 1·2의 특성은 주로 사람들과의 인간관계를 즐기는 성향으로, 서로 소통하고 리드하는 성향을 가지고 있으며 결정력이 좋습니다. 파동수 3·4는 감정, 감성, 마음, 심장 등을 상징하여 감정을 대표하는 파동수로, 이 역시 인간관계에 있어서 감성적인 표현을 잘하지만 반면에 감정 표현도 잘하는 파동수입니다.

파동수 1·3은 표면적으로 음의 성질이지만 잠재적으로는 양의 성질을 포함하고 있으므로 1-A와 3-A로 분류됩니다. 판단과 결정에서는 감정(F)에 해당됩니다. 반면 2·4는 사고(T)에 해당됩니다.

파동수 1·3은 정에 이끌리는 경향이 있어서 결정을 내릴 때도 감정에 충실하여 '좋다', '나쁘다'의 사고력을 가질 수 있습니다. 따뜻하고 밝은 이미지로 조직에서도 분위기 메이커로 좋은 인상을 남기며 사람들과의 호환성이 매우 높습니다. 이러한 성향을 감안한다면 감정(F)과 매우 닮았습니다.

반면 파동수 2·4는 좀 더 타산을 따지는 성향으로 이익이 되는 냉철한 방향으로 제시하는 호불호가 분명합니다. 결정을 내릴 때 논리와 객관적인 기준을 중시하여 '맞다', '틀리다'의 이분법적인 명확성을 가지고 있습니다. 진실과 사실에 관심을 가지며 논리적, 분석적으로 생각하며 객관적 판단을 중요하게 여기는 사고(T)와 닮았습니다.

4) 행동 방식의 지표와 파동수의 연계성

'판단(Judging)'과 '인식(Perceiving)'은 생활을 조직하고 일상을 계획하는 방식에 차이를 둡니다. 개인이 일상적인 **행동**과 대응을 어떻게 조직하는지에 대한 차이를 보여 줍니다.

그리고 파동수 5·6은 재물, 경제, 금융 등을 상징하여 자본주의에서 재물을 지향하는 삶을 살아가는 것은 우리들에게는 매우 친숙하고 중요한 요소입니다. 파동수 7·8은 직업성, 명예, 조직 등을 나타내어 파동성명학에서는 돈을 벌기 위해 직장 생활을 하는 현실적인 문제에 관여하는 파동수로 분류가 됩니다. 그래서 90-12-34가 이상적인 파동수라면, 56-78은 현실적인 파동수가 되는 것입니다.

파동수 56-78은 사회 적응력이 뛰어나고, 사회를 해석하는 능력이 탁월하며 몸으로 행동하는 것을 잘하는 파동수입니다.

파동수 5·7은 표면적으로 양의 성질이지만 잠재적으로는 음의 성질을 포함하고 있으므로 5-T와 7-T로 분류됩니다. 행동 방식에서는 **판단(J)**에 해당됩니다. 반면 파동수 6은 표면적으로는 음이지만 잠재적으로는 양의 성질을 포함하고 있어서 6-A에 해당되고 파동수 8과 함께 **인식(P)**에 해당됩니다.

요약하면, 파동수 5·7은 판단(J)에 해당되고, 파동수 6·8은 인식(P)에 해당됩니다.

판단(J)은 계획된, 조직적인 접근을 선호하며, 결정을 빨리 내리고자 하는 성향과 목표 지향적으로 행동하며, 분명한 목적과 방향을 가지고 있다는 점에서 양적인 기운과 매우 닮았습니다. 파동성명학에서도 파동수 5·7은 양의 기운으로 행동파의 파동수로 분류하며, 이는 판단(J)과 매우 유사합니다.

반면, 인식(P)은 유연하고 개방적인 접근을 선호하여 자율적으로 상황에 따라 자신의 결정을 조정하는 상대적 관점의 유연한 행동으로 소프트한 느낌을 주는 음적인 기운에 가깝습니다. 파동성명학에서도 파동수 6·8을 음의 기운으로 부드러움의 파동수로 분류하며, 이는 인식(P)과 유사합니다.

제5장

실제 적용 사례

1) 박*경(50대 여자)

유형: ENFJ-선도자형 / 파동수: 85514/077

ENFJ - 선도자(외향-직관-감정-판단)

ENFJ는 주변 사람들에게 영감을 주는 데 능숙하며, 명확한 목표와 가치를 가지고 동기부여하고 이끌어 나갑니다. 주변 사람들의 성장을 촉진하고 지원하며, 긍정적인 변화를 이끌어 내기 위해 노력합니다. 현재 상황을 개선하고 미래를 위한 아이디어를 제시하는 적극적인 태도를 가지고 있으며, 리더십 역할을 맡아 사회적 모임이나 조직에서 다른 사람들을 도와 성장시키는 일을 선호합니다. 자신의 영향력을 활용하여 사회적으로 의미 있는 변화를 이끌어 내고, 타인들에게 영감을 주며 함께 의미 있는 일을 이루어 나갑니다.

ENFJ 유형은 사람들을 동기부여하고 이끄는 데 능숙하며, 긍정적인 변화를 이끌어 내는 데 관심이 많습니다.

50대 여자		
8		0
5	박	7
5		7
1	*	3
4		6
5		7
6	경	8
1		3

E	85514/077
N	4-0
F	1-4
J	55778

우선, 이름에서 적용하는 파동수에 대해 정리해 보겠습니다. 이름에서 에너지의 비중은 성씨가 70%, 이름이 30%입니다. 성씨는 태어나면서부터 가지게 되는 기질적인 에너지로, 자신의 성향을 분석하는 지표가 됩니다. 반면, 이름은 태어나서 부여받은 후천적인 에너지로, 중심 명운에 해당하는 자음이 에너지 비중에서 가장 큽니다. 성격과 지향점에 영향을 주는 것은 성씨와 중심명운임을 감안할 때, 파동수의 적용은 성씨와 이름의 중간자에 해당하는 천간의 기운까지 참고하여 MBTI와의 연계성을 찾는 것이 합리적입니다. 두 형태는 직접적으로 그 형식을 연결할 수 없으므로, 유동성을 발휘하는 것이 필요합니다.

파동 성명학에서는 각 파동수들의 특성을 설명할 때, 각자 하는 역할을 분담하는 형태로 설정합니다. 가령, 머리를 주로 쓰는 파동수, 감정이나 표현을 나타내는 파동수, 몸을 잘 쓰는 파동수 등과 같은 형태로 분류한다면, MBTI의 방향과 매칭을 잘할 수 있습니다.

그래서 정보 수집의 지표에서는 두뇌에 해당되는 파동수와 연계하였고, 판단과 결정을 하는 지표에서는 사회성, 사교성, 감정, 감성 등을 나타내는 파동수와 연결하였으며, 태도의 지표에서는 행동적인 파동수와 연결하여 그 영향성을 설정하였습니다. 이름의 파동수에서 나타나는 각각의 성향이 MBTI에서 사용되는 기능과 비슷하여, 그 연계성은 상당한 부분 타당성이 있으며, 실제 임상에서 꽤 높은 적중률을 보이고 있습니다.

박*경의 이름으로 예시를 들어 보겠습니다. 박*경은 참고로 저의 이름으로 개명을 하였다는 점을 참고로 하여 유연한 해석을 통해 파동수와의 연계성을 설명해 보겠습니다.

1) 에너지의 방향을 판단할 때는 제시된 전체의 파동수에 대해 음양을 따져 봅니다. 박유경의 파동수는 85514/077로, 양의 비율이 높습니다. 내향을 나타내는 파동수는 180이며, 외향을 나타내는 파동수는 45577입니다. 따라서 에너지의 방향을 나타내는 지표인 외향성(E) 대 내향성(I)에서 E에 해당하므로, 이는 두 방식이 일치함을 알 수 있습니다.

2) 정보 수집의 지표를 살펴보겠습니다. 정보 수집에 영향을 끼치는 파동수는 34-90입니다. 이름에서 이러한 파동수가 출현한다면, 정보 수집의 능력을 갖추었다고 판단합니다. 박유경의 이름에서 정보 수집에 해당하는 파동수는 4와 0입니다. 음양의 극단적인 출현으로 나타납니다. 이런 경우, 음양의 기능 모두를 사용한다고 판단합니다. 그러나 박*경이 개명한 이름으로, 45년 이상 사용한 본명의 기운을 감안하여 유동

성 있는 해석을 해 본다면, 본명에서 중심명운이 9라는 점을 감안할 때, 직관(N)의 확률이 높다고 판단할 수 있습니다.

3) 판단과 결정의 지표를 살펴보겠습니다. 지표에 영향을 끼치는 파동수는 12-34입니다. 박*경의 이름에서 이에 해당하는 파동수는 1과 4입니다. 이름의 파동수에서는 사고와 감정의 비율이 반반이라고 할 수 있습니다. 이런 경우, 두 가지 모두를 사용한다고 판단할 수 있습니다. 그래서 판단과 결정의 지표에서는 50%의 확률로 적중률을 정의하면 됩니다.

4) 행동 방식의 지표를 알아보겠습니다. 지표에 영향을 끼치는 파동수는 56-78입니다. 박*경의 이름에서 이에 해당하는 파동수는 55778입니다. 이름에서 양의 기운이 강한 것으로 판단하여 활동성이 강한 파동수로 정의합니다. 이를 감안한다면 판단(J)과 인식(P)에서 판단(J)에 높은 확률로 해당됨을 알 수 있습니다.

▶ **박*경 이름 풀이**

성씨는 태어날 때부터 가지는 기질적인 에너지로 사주의 역할을 하고, 이름은 태어난 후에 부여받은 후천적 에너지로 팔자의 역할을 합니다. 이로 인해 성씨는 인생의 방향성에 대한 예측력의 70%를 차지하며, 이름은 운명을 유추할 때 30%를 차지한다고 할 수 있습니다. 최근에는 개명을 통해 보다 나은 운명으로의 전환을 추구하는 사람들이 늘어나고 있습니다. 좋은 이름이란 성씨에서 부족한 기운이나 문제가 되는 기운을 보완하는 것입니다. 작명의 의미 또한 이러한 면을 가장 핵심 포인트로 삼고 있습니다.

박*경의 성씨에서 먼저 태어난 성향을 살펴보면 왼쪽 천간은 855이고 오른쪽 지지는 077입니다. 음과 양의 비율에서 양의 비율이 높습니다. MBTI의 에너지의 방향과 일치합니다. 음의 기운도 포함되어 있으므로 음양의 기운이 동시에 존재합니다. 주로 행동의 지표를 나타내는 55778의 파동수가 많은 부분을 차지합니다. 성명학에서도 55778과 같은 파동수는 행동력이 좋고 현실적인 파동수로 분류됩니다. 실제로 박*경은 실행력이 매우 빠른 성향입니다. 머리보다는 몸이 먼저 움직이는 성향으로, 주변에서는 성격이 급하다는 평을 받습니다. '일단 생각 좀 더 해 보자'라는 말을 많이 듣게 되는 것입니다.

파동수 78이 강할 경우 조직 생활에 있어서 최적화된 파동수로서 조직에서 리더십을 발휘하거나 중심에 잘 맞추는 등 개인의 이익보다는 공동의 이익을 중요시하는 경향이 있습니다. 그래서 파동수 7의 경우 의협심이 있고, 다른 사람을 대신하여 나서서 싸우는 역할도 잘해 독립운동, 노조위원 등과 같은 정의를 위해 몸을 던지는 형입니다.

파동수 5는 재물을 상징하는 파동수로 주로 사업성의 확장성 재물이며, 파농수 7·8은 직업성을 나타내는 파동수로 사업성과 조직 생활 둘 다 적응을 잘합니다. 파동수 5·7의 경우 활동적인 파동수로 역마성에 포함되어 있습니다. 활동을 하거나 노동력이 있는 일을 할 때 쾌감을 느끼며, 일을 하지 않을 때는 불안함을 느끼는 파동수입니다. 7·8의 파동수가 강하다는 것은 상대적으로 1·2의 파동수는 약하다는 의미가 됩니다. 많다는 존재만으로도 파동수 1·2를 극하는 에너지가 발현되므로 건강, 자아성 등에는 취약합니다.

성씨는 주로 어린 시절에 많이 적용되어, 실제로 박*경은 어린 시절 자존감이 떨어지고 건강적인 문제도 많았습니다.

중심명운인 파동수 1의 성향은 리더십, 주체성, 기획력, 계획성, 사회성 등을 나타냅니다. 중심명운 1과 연동된 파동수 4는 직관력, 표현력, 영능, 영감, 창의력 등을 상징하며, 이는 성씨에서 부족했던 에너지를 보완하는 것으로 볼 수 있습니다. 실제로 박*경은 영성 코칭과 심리 코칭으로 활동하며, 다른 사람들에게 영감을 주고, 심리 상담을 통해 긍정적인 변화를 이끌어 내는 힐러의 역할을 하고 있습니다. 이러한 점을 고려하면, 이름에서 흐르는 기운이 MBTI에서의 ENFJ와 매우 유사함을 알 수 있으며, 이는 파동수의 위력이 얼마나 대단한지를 느끼게 하는 순간입니다.

박*경은 심리성명학을 기반으로 한 작명가로, 수천 명의 사람들의 이름을 작명했으며, 그중 대부분은 개명 사례입니다. 개명 후 많은 사람들이 긍정적인 삶의 변화를 경험했다는 것을 확인했고, 이에 따른 수많은 데이터를 확보하고 있습니다.

정리하면

지표	MBTI	파동수	결과
에너지의 방향	E	양(45577) 음(180)	일치
정보 수집의 지표	N	4-0	일치
판단과 결정의 지표	F	1-4	50%
행동 방식의 지표	J	55-778	일치

2) 김*라(30대 여자)

유형: ENFJ-선도자 / 파동수: 93135/719

> **ENFJ-선도자형**(외향-직관-감정-판단)
>
> ENFJ는 주변 사람들에게 영감을 주는 데 능숙하며, 명확한 목표와 가치를 가지고 동기부여하고 이끌어 나갑니다. 주변 사람들의 성장을 촉진하고 지원하며, 긍정적인 변화를 이끌어 내기 위해 노력합니다. 현재 상황을 개선하고 미래를 위한 아이디어를 제시하는 적극적인 태도를 가지고 있으며, 리더십 역할을 맡아 사회적 모임이나 조직에서 다른 사람들을 도와 성장시키는 일을 선호합니다. 자신의 영향력을 활용하여 사회적으로 의미 있는 변화를 이끌어 내고, 타인들에게 영감을 주며 함께 의미 있는 일을 이루어 나갑니다.
>
> ENFJ 성격 유형은 사람들을 동기부여하고 이끄는 데 능숙하며, 긍정적인 변화를 이끌어내는 데 관심이 많습니다.

```
         30대 여자
     9          7
     3    김    1
     1          9
     3          1
     5    *     3
     8          6
     9    라    7
     1          3
```

E	93135/719
N	39
F	13
J	57

 1) **에너지의 방향**을 제시된 전체의 파동수에 대해 음양을 따져 봅니다. 김*라의 파동수는 93135/719로, 양의 비율이 높습니다. 내향을 나타내는 파동수는 1·3이며, 외향을 나타내는 파동수는 579입니다. 따라서 에너지의 방향을 나타내는 지표인 외향성 대 내향성에서 **외향(E)**에 해당하므로, 이는 두 방식이 일치함을 알 수 있습니다.

 2) **정보 수집의 지표**를 살펴보겠습니다. 정보 수집에 영향을 주는 파동수는 34-90입니다. 이름에서 이러한 파동수가 출현한다면, 정보 수집의 능력을 갖추었다고 판단합니다. 김*라의 이름에서 정보 수집에 해당하는 파동수는 3과 9입니다. 음양이 동시에 출현하고 있습니다. 이런 경우, 음양의 기능 모두를 사용한다고 판단합니다. **감각(S)**과 **직관(N)**으로 이 두 가지의 방향 모두가 포함되었다고 할 수 있습니다. 그러나 김*라의 경우 태어난 기질의 에너지인 성씨에서 대표 파동수가 9이므로, 김*라의 경우 파동수 9의 에너지는 그 질량이 매우 높다고 할 수 있습니

다. 그래서 조금 더 유동성 있는 판단을 해 본다면 양의 기운에 더 가깝다고 할 수 있습니다. 그래서 김*라의 경우 **직관(N)**에 해당하여 이는 두 방식이 일치한다고 할 수 있습니다.

3) 판단과 결정의 지표를 살펴보겠습니다. 지표에 영향을 끼치는 파동수는 12-34입니다. 김*라의 이름에서 이에 해당하는 파동수는 1과 3입니다. 이는 MBTI 판단과 결정 지표에서 **감정(F)**에 해당되므로 완벽하게 일치합니다.

4) 행동 방식의 지표를 알아보겠습니다. 지표에 영향을 끼치는 파동수는 56-78입니다. 김*라의 이름에서 이에 해당하는 파동수는 5·7입니다. 양의 기운과 일치함을 알 수 있습니다. 이를 감안한다면 **판단(J)**에 해당함에 따라 완벽하게 일치합니다.

▶ 김*라 이름 풀이

김*라의 성씨 왼쪽 천간에서 발현되는 에너지는 931이고, 오른쪽 지지에서 발현되는 에너지는 719의 파동수입니다. 931은 두뇌가 명석하고 직관적이며 논리적인 면까지 갖추고 있어서 어릴 때부터 똑똑하다는 말을 많이 듣게 됩니다. 좌우뇌가 발달된 형태로 장점도 있지만 다소 예민하다는 평가를 받을 수 있습니다. 파동수 9·3으로 마음이 복잡해지거나 부정적인 마음이나 우울감이 들 때도 있지만, 파동수 1의 영향으로 스스로 해소하는 능력 또한 갖추었으므로 크게 문제는 없습니다.

중심명운 3은 감성적이고 밝고 부드러운 에너지입니다. 3은 영능을 상징하는 파동수로 성씨에서 1·3과 연동되어 다른 사람에게 정신적인 에너지를 나누기도 하고, 자식을 돌보듯이 보살피는 성향입니다. 또한 3·5와도 연동되어 재능과 재물의 만남과 같습니다. 창의적이고, 재능으로 경제 활동을 하여 재물을 생산하는 데 매우 좋은 역할을 하는 파동수입니다.

오른쪽에서 발현되는 파동수는 719입니다. 활동적이고 적극적인 성향의 파동수로, 원칙과 질서를 잘 지키지만 의리가 있어서 다른 사람을 대신하여 일을 하거나 나서는 경향이 있습니다. 또한 완벽주의적 성향이 있어서 자신에게 냉철하고, 참다가도 욱하는 성질이 나오기도 합니다. 파동수 7·1은 재물을 관리하는 능력에서 꼼꼼한 면을 보이고, 숨은 재물을 가리키는 파동수이기도 하여, 상속 등과 같은 스스로 노력하지 않아도 들어오는 재물이며, 파동수 9와 연동되어 부동산과 같은 큰 재물로 이어지므로 큰 부자가 될 수 있는 파동수입니다.

김*라 파동수는 주로 활동적이고 약간의 역마성이 있어서 여행을 좋아하고 생산적인 일을 했을 때 쾌감을 느낍니다. 무기력한 에너지는 스스로 참아 내기 어렵고, 활성화된 파동수라 할 수 있습니다.

정리하면

지표	MBTI	파동수	결과
에너지의 방향	E	양(579) 음(13)	일치
정보 수집의 지표	N	3-9	일치
판단과 결정의 지표	F	1-3	일치
행동 방식의 지표	J	5-7	일치

3) 김*나(20대 여자)

유형: ESFJ-A 사교형 / 파동수: 15367/597

> **ESFJ - 사교형**(외향-감각-감정-판단)
>
> ESFJ는 외향적이고 감각적인 성향으로, 감정적으로 표현하고 상호작용하는 데 탁월한 능력을 지닙니다. 주변 사람들과의 친밀한 관계를 형성하고 유지하는 데 큰 관심을 가지며, 타인의 감정에 민감하게 반응합니다. 이러한 특성은 다양한 상황에서의 협력과 조화를 중요시하는 데 도움이 됩니다.
>
> 또한, 사회적 상호작용을 즐기며 타인의 필요에 주의를 기울이는 경향이 있습니다. 친절하고 배려심이 많으며, 타인을 돕고 지원하는 데 열정적입니다. 자신의 가족, 친구, 동료들을 위해 희생하는 것을 망설이지 않으며, 타인의 행복과 안녕을 위해 노력합니다.
>
> ESFJ의 이러한 성향으로 인해 사회적인 상황에서 주목을 받고 사랑받는 경향이 있습니다. 집단 내에서 조화롭고 안정적인 분위기를 조성하며, 타인의 성장과 발전을 촉진하는 데 기여합니다. 따라서 ESFJ는 팀 활동이나 사회적인 모임에서 리더십 역할을 맡는 것이 적합할 수 있습니다.

20대 여자		
1		5
5	김	9
3		7
6	*	0
7		1
9		3
1	나	5
1		3

E	15367/597
S	39
F	13
J	55677

    1) 에너지의 방향을 제시된 전체의 파동수에 대해 음양을 따져 봅니다. 김*나의 파동수는 15367/597로, 양의 비율이 높습니다. 내향을 나타내는 파동수는 136이며, 외향을 나타내는 파동수는 579입니다. 양의 파동수가 더 많이 출현하고 있으므로 에너지의 방향을 나타내는 지표인 외향성 대 내향성에서 **외향(E)**에 해당하므로, 이는 두 방식이 일치함을 알 수 있습니다.

    2) 정보 수집의 지표를 살펴보겠습니다. 정보 수집에 영향을 주는 파동수는 34-90입니다. 이름에서 이러한 파동수가 출현한다면, 정보 수집의 능력을 갖추었다고 판단합니다. 김*나의 이름에서 정보 수집에 해당하는 파동수는 3과 9입니다. 음양이 동시에 출현하고 있습니다. 이런 경우, 음양의 기능 모두를 사용한다고 판단합니다. 감각(S)과 직관(N)으로 50%의 확률로 나타납니다.

3) 판단과 결정의 지표를 살펴보겠습니다. 지표에 영향을 끼치는 파동수는 12-34입니다. 김*나의 이름에서 이에 해당하는 파동수는 1과 3입니다. 이는 MBTI의 판단과 결정 지표에서 **감정(F)**에 해당되며, 이는 완벽하게 일치합니다.

4) 행동 방식의 지표를 알아보겠습니다. 지표에 영향을 끼치는 파동수는 56-78입니다. 김*나의 이름에서 이에 해당하는 파동수는 55677입니다. 양의 기운이 매우 높은 비율임을 알 수 있습니다. 이를 감안하면 **판단(J)**에 해당됨에 따라 높은 확률로 일치함을 알 수 있습니다.

▶ 김*나 이름 풀이

김*나의 성씨의 왼쪽 천간에서 발현되는 파동수는 153이고, 오른쪽 지지에서 발현되는 파동수는 597입니다. 파동수 153은 주체성, 계획성, 기획성, 자아성, 사회성, 사교성, 감성, 표현력 등을 나타냅니다. 밝고 부드러운 이미지로 상대에게 좋은 이미지를 남깁니다.

중심명은 6의 파동수는 여성스러운 이미지와 계획성이 뛰어나며, 파동수 7과 연동되어 친절하고 배려심이 많고 타인을 위해 나설 수 있는 의협심이 있어서 좋은 이미지를 남깁니다. 136의 파동수는 대체로 조용하고 섬세한 음의 성향이라면 지지에서 흐르는 597은 역마성의 파동수로 활동적인 에너지에 해당됩니다.

천간의 왼쪽 에너지는 주로 젊은 시절에, 지지의 오른쪽 에너지는 인생의 중후반에 더 현실적으로 적용됩니다. 현재 김*나가 20대인 것을 고려할 때, 왼쪽 파동수의 영향이 더 지배적입니다.

실제로 김*나는 사교성이 매우 좋습니다. 먼저 다가가는 것을 잘하며 자신의 마음을 부드럽게 잘 표현하고 조화로운 에너지의 소유자입니다. 현재 흐르는 기운은 주로 1536의 기운으로 긍정적인 면이 잘 부각되어 있으므로 MBTI의 ESFJ 유형과 매우 잘 맞습니다.

정리하면

지표	MBTI	파동수	결과
에너지의 방향	E	양(57597) 음(136)	일치
정보 수집의 지표	S	3-9	50%
판단과 결정의 지표	F	1-3	일치
행동 방식의 지표	J	556-77	일치

4) 김*수(30대 남자)

유형: ISTP-기술 장인형 / 파동수: 719039/486

> **ISTP-기술 장인형**(내향-감각-사고-인식)
>
> ISTP는 주로 조용하고 현실적이며, 문제 해결에 뛰어난 능력을 지니고 있습니다. 이 성격 유형은 다른 사람들과 깊은 관계를 맺기보다는 개인적 자유를 우선시하며 새로운 경험을 추구하는 경향이 있습니다. 또한, ISTP는 기계 작업에 뛰어난 기술을 보유하고 있고 실용적인 문제를 해결하는 데 탁월한 능력을 가지고 있습니다. 손으로 무언가를 만들거나 수리하는 작업에서도 능숙함을 보입니다. 문제를 해결하기 위해 논리와 객관적 분석을 활용하며, 자신만의 방식으로 일을 처리하는 경향이 있습니다.

30대 남자		
7		4
1	김	8
9		6
0	*	5
3		0
9		6
1	수	8
5		2

I	71903/486
S	3490
T	134
P	678

1) **에너지의 방향**을 제시된 전체의 파동수에 대해 음양을 따져 봅니다. 김*수의 파동수는 71903/486으로, 양의 비율이 높습니다. 내향을 나타내는 파동수는 13680이며, 외향을 나타내는 파동수는 479입니다. 거의 비슷한 비율로 나타나고 있습니다. 에너지의 방향을 나타내는 지표인 외향성 대 내향성에서는 **내향(I)** 비율이 좀 더 많으므로 이는 두 방식이 일치함을 알 수 있습니다.

2) **정보 수집의 지표**를 살펴보겠습니다. 정보 수집에 영향을 주는 파동수는 34-90입니다. 김*수의 이름에서 정보 수집에 해당하는 파동수는 34와 90입니다. 음양이 동시에 출현하고 있습니다. 이런 경우, 음양의 기능 모두를 사용한다고 판단합니다. 감각(S)과 직관(N)으로 이 두 가지의 방향 모두가 포함되었다고 할 수 있습니다. 그러나 김*수의 경우 중심명운의 파동수가 0이므로 이는 그 질량이 높다고 할 수 있으므로, 조금 더 유동성 있는 판단을 해 본다면 음의 기운에 더 가깝다고 할

수 있습니다. 그래서 김*수의 경우 **감각(S)**에 해당하여 이는 두 방식이 일치한다고 할 수 있습니다.

3) 판단과 결정의 지표를 살펴보겠습니다. 지표에 영향을 끼치는 파동수는 12-34입니다. 김*수의 이름에서 이에 해당하는 파동수는 1과 34입니다. 이는 MBTI 판단과 결정 지표에서 **감정(F)**에 해당되므로 불일치합니다. 그러나 파동수 1·3이 A의 양의 성질이 포함되어 있다는 점을 감안한다면 그 비율은 비슷하다고 할 수 있습니다.

4) 행동 방식의 지표를 알아보겠습니다. 지표에 영향을 끼치는 파동수는 56-78입니다. 김*수의 이름에서는 이에 해당하는 파동수는 678입니다. 음적 기운의 비중이 크므로 **인식(P)**과 일치함을 알 수 있습니다.

▶ 김*수 이름 풀이

김*수 성씨 왼쪽 천간에서 발현되는 파동수은 719이고, 오른쪽 지지에서 발현되는 파동수는 486의 파동수입니다. 719는 무관의 기질을 가리키며, 의협심이 강하고 인내심이 뛰어나며 수용적인 성향을 가진다고 할 수 있습니다. 이 중 7·1은 직업성을 나타내는 7의 파동수가 나를 나타내는 1의 파동수를 제어하므로 직장 스트레스가 있지만, 그 스트레스를 스스로 극복하는 강한 인내력을 가지고 있으며, 이러한 특성이 명예를 얻는 데 긍정적인 영향을 미칠 수 있습니다.

7·9의 파동수는 역마성의 한 부분으로 활동성이 강하지만, 7-T, 9-T의 성향으로 음의 기운이 포함되어 음처럼 움직이는 양이라고 할 수 있습니다. 조용한 성품처럼 보이지만 파동수 7은 직업성의 현실적인 파동수를 나타내어 활발한 삶을 지향하게 됩니다. 성실하고 의리 있는 모습으로 좋은 이미지를 줍니다. 스트레스를 쌓아 두는 형이므로 간혹 참았다가 욱하는 성정이 나오기도 합니다. 파동수 7·1의 만남에서 1은 7의 제어를 받고 있는 형국입니다. 이런 경우 인간관계를 맺는 것을 즐기는 1의 파동수이지만, 7의 영향으로 오히려 쓸데없는 인간관계는 하지 않는 성향으로 바뀌게 됩니다.

9의 파동수는 나를 도와주는 파동수로 나에게 힘을 주는 사람이 주변에 있는 것과 같으므로 천간에서 흐르는 719의 파동수는 명예를 얻고 재물의 운을 부르는 데 좋은 역할을 합니다. 또한 상속 등을 받을 수 있는 파동수이기도 합니다.

오른쪽 지지의 파동수 486에서 파동수 4의 특성은 재능, 기술, 손재주, 창의력, 영감, 표현력 등을 나타냅니다. 파동수 4·8의 만남은 관성이 제어를 받고 있는 형국으로 중후반의 나이에는 이직을 고려하려는 마음을 불러일으킵니다. 그러나 바로 아래에서 파동수 6이 연동되어 있을 때는 이러한 마음의 동기를 다시 눌러서 안정시키려는 작용이 일어나므로 무난하다고 할 수 있습니다.

실제로 김*수는 기계나 프로그램을 다루는 재능이 뛰어나고 기술 분야의 연구원으로 재직하고 있습니다. MBTI의 ISTP 유형과 이름의 파동수와도 잘 맞습니다.

정리하면

지표	MBTI	파동수	결과
에너지의 방향	I	양(479) 음(13680)	일치
정보 수집의 지표	S	34-90	일치
판단과 결정의 지표	T	1-34	불일치
행동 방식의 지표	P	6-78	일치

5) 정*찬(20대 남자)

유형: INFJ-예언자형 / 파동수: 2334475/011

INFJ-예언자형(내향-직관-감정-판단)

　INFJ는 미래 지향적 사고를 바탕으로 세상을 이상적인 방향으로 이끌고자 하는 강한 욕구를 지니고 있습니다. 자신의 가치 체계와 개인적 신념에 일치하는 삶을 살기 위해 노력하며, 깊은 성찰을 통해 복잡한 인간관계와 사회적 문제를 이해하려고 합니다. 내면의 가치와 도덕적 기준을 중시하며 정의와 동등성에 무게를 두는 INFJ는 사람들의 미묘한 감정과 의도를 파악하는 데 뛰어나, 이를 통해 필요를 이해하고 갈등 상황에서 중재자 역할을 하거나 타인의 성장을 돕는 해결책을 제시하는 데 큰 장점을 가집니다. 또한, 자신이 믿는 목적과 원인에 대한 깊은 헌신과 인내심을 통해 목표 달성을 위해 노력하며, 조용하고 신중하면서도 필요시 강한 의지력과 결단력을 발휘할 수 있습니다.

　INFJ 유형은 다른 사람들의 삶에 긍정적인 영향을 미치고, 의미 있는 변화를 만들어 내고자 합니다. 종종 상담가, 심리학자, 교사, 작가, 예술가, 사회운동가 등의 직업에서 그들의 잠재력을 발휘하며, 타인의 성장과 발전을 지원하는 데 큰 만족감을 느낍니다.

	20대 남자	
2		0
3	정	1
3		1
4	*	2
4		2
2		0
7	찬	5
5		3

I	23344/011
N	340
F	1234
J	57

1) **에너지의 방향**을 제시된 전체의 파동수에 대해 음양을 따져 봅니다. 정*찬의 파동수는 **23344/011**로, 음과 양의 비율이 비슷합니다. 내향을 나타내는 파동수는 130이며, 외향을 나타내는 파동수는 2·4입니다. 거의 비슷한 비율로 나타나고 있지만 에너지의 방향을 나타내는 지표인 외향성 대 내향성에서는 내향(I) 비율이 약간 더 많으므로 이는 두 방식이 일치함을 알 수 있습니다. 그러나 성씨의 대표 파동수가 2이고, 이름의 중심 파동수가 4임을 감안한다면 이 경우에는 양적인 기운이 매우 강하다고 판단하는 것이 합리적입니다. 양의 기운이 지나치게 강하면 오히려 음의 성향을 나타내는 경향이 있기 때문에, '음처럼 행동하는 양'으로 해석할 수 있습니다.

2) **정보 수집의 지표**를 살펴보겠습니다. 정보 수집에 영향을 끼치는 파동수는 34-90입니다. 정*찬의 이름에서 정보 수집에 해당하는 파동수는 3·4와 0입니다. 비율만 본다면 감각(S)이 높지만, 좀 더 유연성 있

는 해석으로 판단해 본다면 정*찬의 경우 중심 파동수가 4이면서 아래에 파동수 4·4가 중첩되어 그 질량이 상당히 높다고 할 수 있습니다. 파동수 3344가 연속적으로 나타나는 경우에도 파동수 3은 파동수 4로 설기된다는 점을 감안한다면 양적인 기운의 비율이 높다고 할 수 있습니다. 그래서 이 경우 양의 기운에 해당하는 **직관(N)**으로 판단하는 것이 합리적입니다.

3) 판단과 결정의 지표를 살펴보겠습니다. 지표에 영향을 주는 파동수는 12-34입니다. 정*찬의 이름에서 이에 해당하는 파동수는 1·2과 3·4입니다. 단순히 비율만을 기준으로 할 때 음 기운에 해당하는 파동수 1·3의 비율이 많으므로 **감정(F)**에 해당되어 일치합니다. 그러나 성씨의 대표 파동수가 2이고, 이름의 중심 파동수가 4임을 감안한다면 이 경우에는 양적인 기운이 매우 강하다고 판단하는 것이 합리적입니다. 양의 기운이 지나치게 강하면 오히려 음의 성향을 나타내는 경향이 있기 때문에, '음처럼 행동하는 양'으로 해석할 수 있습니다.

4) 행동 방식의 지표를 알아보겠습니다. 지표에 영향을 주는 파동수는 56-78입니다. 정*찬의 경우 행동 방식의 지표에 해당하는 파동수는 성씨와 중심명운 범위에서는 출현하고 있지 않아서 범위를 좀 더 넓혀서 참고로 하겠습니다. 정*찬에서 해당되는 파동수 5·7입니다. 파동수 5·7은 양의 기운이므로 **판단(J)**에 해당되어 일치합니다.

▶ 정*찬 이름 풀이

　정*찬의 성씨 왼쪽에서 발현되는 파동수는 233이고, 오른쪽은 파동수 011입니다. 파동수 233은 주체성, 기획성, 자아성, 리더십, 경쟁력, 감성, 재능, 기술, 표현력, 예술성, 영감, 영능, 종교성 등을 나타냅니다. 오른쪽 지지의 파동수 011은 논리성, 인성, 사회성, 자아성 등을 나타내어 보편적이고 안정적인 것을 선택하는 경향이 있습니다.

　파동성명학에서 두뇌를 상징하는 파동수는 9·0과 3·4입니다. 파동수 9·0은 좌뇌의 성향을, 3·4는 우뇌의 성향을 나타냅니다. 성씨에서 이 두 파동수가 모두 출현할 경우, 해당 인물이 명석한 두뇌를 가졌다고 판단합니다. 이 파동수들은 감정, 기분, 마음, 정신, 정서 등의 에너지에 영향을 미치므로, 때로는 즐거움을, 때로는 우울함을 느낄 수 있습니다.

　성씨에서 현실성을 나타내는 파동수가 출현하지 않는 경우, 해당 인물은 다양한 사회 경험을 즐기기보다는 전문성이 강한 직업을 선호하여 주체적으로 일하는 경향이 있습니다. 이는 자영업, 프리랜서, 기술 전문가와 같이 신체적 노동보다는 지적 능력이나 손재주를 활용하는 기술직 등의 직업을 주로 선택하게 됩니다.

　파동수 3·4의 경우 예술성 또한 강하므로 창의적인 일에도 잘 어울립니다. 성씨의 파동수 3·3과 이름의 중심명운에서부터 파동수 4·4까지 이어져서 3·4의 파동수의 질량이 매우 높습니다. 그러나 이런 경우 정신적인 갈등으로 이어지는 경우도 있습니다.

파동수 3·4는 영적인 파동수인 만큼, 예언자형인 INFJ와 매우 잘 맞습니다. 심리성명학에서도 파동수 3·4가 출현할 때는 여지없이 영감, 직관에 대한 언급을 합니다. 특히 파동수 12-90과 함께 같은 그룹의 사이클을 이루고 있을 때는 현실적인 부분보다 이상적인 면이 더 강조되므로 상담사, 선생님, 심리학자 등과 같은 직업에도 잘 어울린다고 조언합니다.

정리하면

지표	MBTI	파동수	결과
에너지의 방향	I	양(24) 음(130)	일치
정보 수집의 지표	N	34-90	일치
판단과 결정의 지표	F	12-34	일치
행동 방식의 지표	J	5-7	일치

6) 천*선(50대 남자)

유형: ESTP-활동가형 / 파동수: 70246/924
유형: ESFP-연기자형 / 파동수: 70246/924

ESTP-활동가형(외향-감각-사고-인식)

　ESTP는 뛰어난 에너지 수준과 사교적 성향을 지니며, 자신감이 넘치고 매력적인 대인관계를 통해 쉽게 친구를 만듭니다. 사교적 활동에서 에너지를 얻고, 다양한 사람들과의 교류를 통해 새로운 경험과 지식을 탐구하는 것을 선호합니다. 순간에 집중하는 ESTP는 필요에 따라 빠르고 유연하게 결정을 내리며, 계획보다 즉흥적인 행동을 선호해 상황에 신속하게 대응하는 데 능숙합니다.

　이 즉흥적인 성향 덕분에 그들은 변화하는 환경에 잘 적응하고, 빠르게 움직이는 상황에서도 효과적으로 대처할 수 있습니다. ESTP는 이론적 학습보다 실질적인 활동에서 큰 만족을 느끼며, 모험을 즐기고 새로운 도전을 두려워하지 않습니다. 이러한 특성이 ESTP를 다이나믹하고 행동 지향적인 성격으로 만들어, 자신의 능력을 다양한 분야에서 활용하여 성공을 거둘 수 있게 합니다.

ESTP의 성격 유형은 그들의 에너지 넘치고 사교적인 성향, 즉흥적인 결정 능력, 그리고 실질적인 활동에서 만족을 느끼는 특성을 반영하는 직업에서 가장 성공적이고 만족감을 느낄 수 있습니다. 특히 동적이고 변화무쌍한 상황에서 능력이 빛을 발합니다.

ESFP-연기자형(외향-감각-감정-인식)

ESFP는 활동적이고 친절하며, 사람들과 어울리는 것을 즐기는 특성을 가지고 있습니다. 이러한 특징은 연기자로서의 역량을 발휘하는 데 매우 적합합니다. 관객과의 상호작용을 통해 자신의 감정을 표현하고, 역할에 대해 진심으로 공감할 수 있는 능력을 지니고 있습니다.

또한 무대나 화면 앞에서 주목받는 것을 즐기며, 다양한 역할을 소화하고 새로운 경험을 추구하는 데 열정적입니다. 이러한 특성들은 연기자로서의 성공을 위한 필수적인 요소로 작용할 것입니다.

ESFP의 성격 유형은 활동적이고 사교적인 성향을 가지고 있으며, 주변 사람들과의 상호작용을 즐기는 경향이 있습니다. 활동적인 성격과 사교적인 특성을 살려 효과적으로 발전시킬 수 있는 분야입니다.

50대 남자		
7		9
0	천	2
2		4
4	*	6
6		8
8		0
0	선	2
2		4

E	70246/924
S	490
T(F)	24
P	67

　1) **에너지의 방향**을 제시된 전체의 파동수에 대해 음양을 따져 봅니다. 천*선의 파동수는 70246/924로, 양의 파동수의 비율이 많습니다. 내향을 나타내는 파동수는 6·0이며, 외향을 나타내는 파동수는 2479입니다. 양의 파동수가 반복적으로 출현하므로 양의 비중은 매우 높다고 할 수 있습니다. 에너지의 방향을 나타내는 지표인 외향성 대 내향성에서는 **외향(E)** 비율이 더 많으므로 이는 두 방식이 일치함을 알 수 있습니다.

　2) **정보 수집의 지표**를 살펴보겠습니다. 정보 수집에 영향을 주는 파동수는 34-90입니다. 천*선의 이름에서 정보 수집에 해당하는 파동수는 4와 9·0입니다. 이는 양의 비율이 많으므로 **직관(N)**에 해당되므로 일치하지 않습니다.

　3) **판단과 결정의 지표**를 살펴보겠습니다. 지표에 영향을 주는 파동수는 12-34입니다. 천*선의 이름에서 이에 해당하는 파동수는 2와 4입

니다. 양의 기운으로 **사고(T)**에 해당되어 일치합니다. 천*선의 경우에는 과거와 현재의 성향이 많이 바뀌었다고 하였습니다. 과거 자신은 매우 논리적이고 '맞다', '틀리다'의 기준이었으나 현재는 매우 공감형으로 바뀌었다며 MBTI를 체크할 때 '옛날에는 이랬는데 지금은 이렇네….'라며 어느 것이 내 것이라고 해야 될지 모르겠다고 하였습니다. 그래서 천*선의 경우 두 개의 유형을 바탕으로 파동수와 연결해 보았습니다. 파동수는 태어나면서 가지는 기운이므로 과거의 모습과 일치할 것이라 예상되었습니다. 역시 결과도 그러했습니다.

파동수 2와 4는 판단과 결정의 지표에서 사고(T)에 해당되어 결정을 내릴 때 논리와 객관적인 기준을 중시하여 '맞다', '틀리다'의 사고력을 가지는 특성이 있습니다. 이 주인공의 경우 매우 특이한 케이스입니다. 천*선은 명상지도자로 30년 넘게 살면서 사고(T)의 성향에서 감정(F)의 성향으로 바뀐 것이죠. 명상지도자는 공감하는 에너지를 많이 사용하게 됩니다. 오랜 기간 상담사와 같은 힐러의 역할을 하다 보면 공감형으로 바뀌게 됩니다. 또한 개명을 한 이후 성향이 많이 바뀌었다고 하였습니다. 작명의 위력이 대단하다는 말을 저에게도 여러 번 하였습니다.

이름의 파동수는 그 사람의 성향을 결정하는 데 큰 역할을 합니다. 그래서 천*선의 경우 자연스럽게 형성된 성향으로는 ESTP이며, 환경적인 요소와 파동수의 변화에 의해서 바뀐 성향은 ESFP이므로 연구의 기준은 과거의 모습으로 하여 일치합니다.

4) 행동 방식의 지표를 알아보겠습니다. 지표에 영향을 주는 파동수

는 56-78입니다. 천*선의 경우 행동 방식의 지표에 해당하는 파동수는 6·7입니다. 파동수 6·7은 음과 양의 기운을 동시에 가지고 있으므로 50%의 확률입니다. 성명학에서는 이런 경우 음과 양의 균형을 이루는 형이므로 긍정적으로 판단을 하고 있습니다. 개명한 이름에서는 음양의 조화를 잘 맞추어 편중성이 강한 성씨의 에너지를 훌륭하게 보완을 하였습니다.

▶ 천*선 이름 풀이

천*선의 경우, 30년 이상의 명상지도자로 지내면서 수련에 대한 내공이 깊습니다. 이런 경우 성향에 대한 색깔을 파악하기란 매우 힘듭니다. 파동수와 실제의 모습을 대입하였을 때 가장 많은 혼선이 있습니다. 한마디로 음양화평지인을 이루는 모습이 강해 평가하기 매우 난해한 경우입니다. 따라서 이 책에서는 이름 풀이를 생략하겠습니다.

정리하면

지표	MBTI	파동수	결과
에너지의 방향	E	양(2479) 음(6)	일치
정보 수집의 지표	S	4-90	불일치
판단과 결정의 지표	T	2-4	일치
행동 방식의 지표	P	6-7	50%

7) 이*정(40대 여자)

유형: INFJ-예언자형 / 파동수: 31325233

INFJ-예언자형(내향-직관-감정-판단)

INFJ는 미래 지향적 사고를 바탕으로 세상을 이상적인 방향으로 이끌고자 하는 강한 욕구를 지니고 있습니다. 자신의 가치 체계와 개인적 신념에 일치하는 삶을 살기 위해 노력하며, 깊은 성찰을 통해 복잡한 인간관계와 사회적 문제를 이해하려고 합니다. 내면의 가치와 도덕적 기준을 중시하며 정의와 동등성에 무게를 두는 INFJ는 사람들의 미묘한 감정과 의도를 파악하는 데 뛰어나, 이를 통해 필요를 이해하고 갈등 상황에서 중재자 역할을 하거나 타인의 성장을 돕는 해결책을 제시하는 데 큰 장점을 가집니다. 또한, 자신이 믿는 목적과 원인에 대한 깊은 헌신과 인내심을 통해 목표 달성을 위해 노력하며, 조용하고 신중하면서도 필요시 강한 의지력과 결단력을 발휘할 수 있습니다.

INFJ의 성격 유형은 다른 사람들의 삶에 긍정적인 영향을 미치고, 의미 있는 변화를 만들어 내고자 합니다. 종종 상담가, 심리학자, 교사, 작가, 예술가, 사회운동가 등의 직업에서 그들의 잠재력을 발휘하며, 타인의 성장과 발전을 지원하는 데 큰 만족감을 느낍니다.

	40대 여자	
3		3
1	이	1
3		3
2		2
5	*	5
2		2
3	정	3
3		3

I	31325233
N	3
F	123
J	5

1) 에너지의 방향을 제시된 전체의 파동수에 대해 음양을 따져 봅니다. 이*정의 파동수는 31325233로, 음과 양의 비율이 비슷합니다. 내향을 나타내는 파동수는 1·3이며, 외향을 나타내는 파동수는 2·5입니다. 거의 비슷한 비율로 나타나고 있지만 에너지의 방향을 나타내는 지표인 외향성 대 내향성에서는 **내향(I)**의 비중이 더 높으므로 이는 두 방식이 일치함을 알 수 있습니다.

2) 정보 수집의 지표를 살펴보겠습니다. 정보 수집에 영향을 끼치는 파동수는 34-90입니다. 이*정의 이름에서 정보 수집에 해당하는 파동수는 3입니다. 비율만 본다면 감각(S)이 높지만, 좀 더 유연한 해석으로 판단해 본다면 이*정의 경우 중심 파동수가 파동수 3이면서 아래에서 파동수 3·3이 중첩되어 그 질량이 상당히 높다고 할 수 있습니다. 파동수 3·3이 강한 경우도 파동수 4의 성향이 나타나는 성명학의 관점이 있고, 또한 심리성명학에서는 파동수 3·4 모두가 직관이 있는 것으로 판

단합니다. 다시 말해서 파동수 3의 경우 음이면서 양의 본질을 가지고 있다는 의미이며, 파동수 3 역시 직관력이 있다는 의미입니다. 이런 경우를 감안한다면 실제로 이*정의 경우 충분히 직관력이 있다고 판단합니다. 그러나 체계의 형평성을 위해 이 경우 음의 기운에 해당하는 **감각(S)**으로 정의하겠습니다.

3) 판단과 결정의 지표를 살펴보겠습니다. 지표에 영향을 주는 파동수는 12-34입니다. 이*정의 이름에서 이에 해당하는 파동수는 1·2와 3입니다. 단순히 비율만을 기준으로 할 때 음 기운에 해당하는 파동수 1·3의 비율이 많으므로 **감정(F)**에 해당되어 일치합니다.

4) 행동 방식의 지표를 알아보겠습니다. 지표에 영향을 주는 파동수는 56-78입니다. 이*정의 경우 행동 방식의 지표에 해당하는 파동수는 파동수 5입니다. 파동수 5는 양의 기운이므로 **판단(J)**에 해당되어 일치합니다.

▶ **이*정 이름풀이**

이*정의 성씨에서 발현되는 파동수는 3·1이고, 천간 지지가 같습니다. 파동수 3·1은 재능, 감성, 표현력, 예술성, 영감, 영능력, 직관력, 종교성, 주체성, 기획성, 자아성, 리더십 등을 나타냅니다. 오른쪽과 왼쪽, 천간 지지가 같습니다.

3의 파동수들은 감정, 기분, 마음, 정신, 정서 등의 에너지에 영향을 미치므로, 그 질량이 높을 때는 감정의 기복이 있을 수 있습니다. 이*정의 경우, 이름 전체적으로 파동수 3의 에너지의 비중이 많으므로 마음과 정신에 대한 에너지 작용이 매우 높다고 할 수 있습니다. 이런 경우, 정신적인 분야에서 재능을 발휘할 수 있습니다. 파동수 3은 '식신'이라는 별명이 있어서 식품, 요식업 관련 업종에 잘 어울립니다. 파동수 3·1의 연동성은 나와 정신을 나누는 형태로 봐도 되고, 보살핌과 양육의 힘으로 봐도 됩니다. 이러한 기운은 힐러의 에너지로 다른 사람에게 치유의 힘으로 발현되기도 합니다. 실제로 이*정은 단식지도자로 활동하고 있습니다.

　성씨에서 현실성을 나타내는 파동수 56-78이 출현하지 않는 경우, 다양한 사회 경험을 즐기기보다는 전문성이 강한 직업을 선호하여 주체적으로 일하는 경향이 있습니다. 프리랜서, 자영업, 보육교사, 정신지도자, 식품 관련, 요식업, 힐링, 치유사, 심리상담사 등의 분야에 잘 어울립니다.

　3·4의 파동수는 영적인 파동수인 만큼, 예언자형인 INFJ와 매우 잘 맞습니다.

정리하면

지표	MBTI	파동수	결과
에너지의 방향	I	양(25) 음(13)	일치
정보 수집의 지표	N	3	불일치
판단과 결정의 지표	F	12-3	일치
행동 방식의 지표	J	5	일치

마무리하며

 이 책을 통해 MBTI와 파동수의 세계를 함께 탐험하면서, 여러분 각자가 자신과 주변 세계와의 더 깊은 연결과 이해를 발견하기를 소망합니다. 본문에서 탐구한 파동수의 개념은 《심리성명학 네임디자인》에 근거를 두고 있습니다.

 여러분 중 이름의 파동수에 대해 더 알고 싶은 분들은 "한글파동심리성명학회 네임디자인"의 공식 카페를 방문하여 무료 상담을 신청하실 수 있습니다. 여러분의 궁금증을 해소하고, 개인의 파동수를 탐색하는 데 도움이 되기를 바랍니다.

 이 책이 여러분의 자기 인식을 넓히고, 삶을 풍부하게 하는 데 기여할 수 있기를 희망합니다.

 네이버 카페: 심리성명학 네임디자인
 https://cafe.naver.com/sksj07

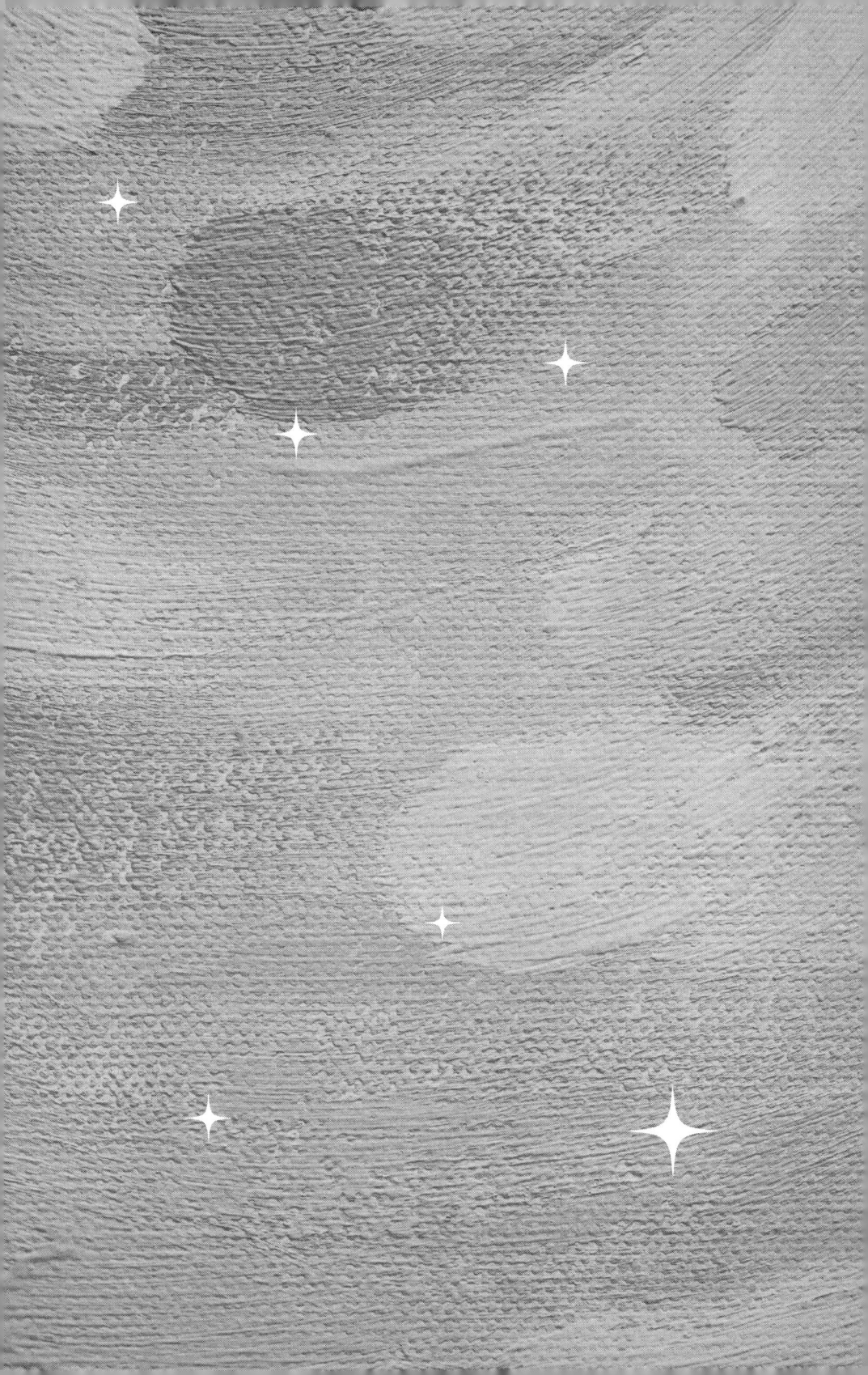